제7공화국
선진대국
시대를 연다

제7공화국
선진대국
시대를 연다

홍준표 글

실크로드
silkroad

제7공화국
선진대국 시대를 연다

초판 1쇄 인쇄 2025년 04월 09일
초판 1쇄 발행 2025년 04월 10일

지은이 홍준표
발행인 황정필
발행처 실크로드

출판등록 제406-251002010000035호

주 소 경기도 파주시 문발로 214-12
전 화 031-955-6333~4 | 팩스 031-955-6335
이메일 silkroad6333@hanmail.net

ISBN 978-89-94893-52-5(03340)

책값은 책표지 뒤에 있습니다.
이 책은 실크로드가 저작권자와의 계약에 따라 발행한 것이므로 저작권법에 따라 무단 전재와 복제를 금합니다.

들어가는 말

국민을 믿고 나에게 주어진 길을 가려 한다

국격國格의 최소량의 법칙이 있다. 한 나라의 국격이 가장 부족한 부문의 수준에서 결정된다는 의미다. 아무리 특정 분야에서 세계 최고 수준에 도달해도, 국가의 전반적인 수준을 결정하는 것은 가장 부족한 부문이다. 이는 식물의 성장이 가장 짧은 나뭇가지의 높이에 의해 결정된다는 리비히의 최소량의 법칙(Liebig's Law of the Minimum)과 같은 맥락이다.

우리나라는 건국과 호국, 근대화와 민주화를 숨 가쁘게 이루어 냈다. 경제는 10위권에 들어섰고 원조를 주는 나라로 바뀐지 오래다. 반도체, 자동차, 조선, 방위 산업 등 첨단 제조업과 한류 등 여러 분야에서 세계적인 경쟁력을 갖추고 있다. 이런 성취와 영광은 세계가 부러워하는 수준이다.

그러나 국민 갈등이 확대되고 정치 수준이 삼류에 머물러 있다면, 경제 발전과 사회 질서가 아무리 뛰어나도 국가 전체 수준은 낮아질 수밖에 없다. 국격은 일부 부문의 성취로 결정되지 않는다. 가장 취약한 부문이 국가의 수준을 결정한다.

나라는 선진국 대열에 들어섰지만, 정치적 후진성은 여전히 심각한 문제로 남아 있다. 정당과 국회는 생산적인 정책 논의보다 정쟁과 정파 싸움에 집중하며, 국민은 정치에 대한 신뢰를 잃어가고 있다.

좌우의 이념 갈등과 진영 대결은 날이 갈수록 극심해지면서 온 국민이 정치 전선에 나서 갈등하는 나라로 바뀌었다. 2023년 우리나라의 정치 신뢰도는 OECD 회원국 중 최하위권을 기록했다.

정치는 나라 운영의 중심 행위다. 민주주의 국가에서 권력은 국민에게 있다. 국민의 뜻을 반영하지 않는 정치, 정권 유지를 위해 민주적 가치를 훼손하는 행위는 결코 용납될 수 없다.

정치가 성숙되지 못하고 후진적이면, 국민의 자유와 권리는 위협받고, 민주주의는 퇴보한다. 정치 지도자가 범죄를 저지르고도 처벌을 받지 않는다면, 법치주의는 무너지고 정의와 도덕은 사라진다.

정치는 국민의 의지를 모으는 과정이다. 지난 시기 국가와 국민적 지향은 하나였고 모두가 힘을 모았다. '자유인의 공화국' 건국, 자유 민주주의와 시장 경제의 수호, '잘살아 보세'의 경제 발전, 성숙한 민주주의 실현 등 역사 단계의 시대정신을 실현하며 세계의 찬사를 받아 왔다.

그러나 어느 순간 국가의 목표와 국민적 지향은 흐려졌고, 좌파·우파의 정권적 이해에 흔들리는 나라가 되었다. 서로를 부정하고 정치 보복을 통해 감옥에 보내고 정책을 180도 뒤집는 일이 시소처럼 반복되고 있다. 언제까지 보복의 역사, 부정의 정치를 계속해야 하는가?

제6공화국에서만 대통령 탄핵이 세 차례나 이루어졌고, 두 대통령이 파면되었다. 임기를 마치지 못하고 대통령직에서 물러나는 일이 이어지고 있다. 우리 헌정사에 말로가 행복했고 퇴임 후 존경을 받은 대통령은 없었다.

대통령은 시대정신의 체현자이자 국가 지도자에서 단순한 행정기관의 장 수준으로 전락했다. 정치 보복에 따른 검찰 수사, 잦은 탄핵으로 권위와 권능은 나락으로 떨어졌고 존경과 존중은 사라졌다. 제6공화국의 종언이자 종말이 다가온 것이다.

진영 대결과 보복 정치의 악순환을 끝내고 이제는 단결과 통합의 시대로 나가야 한다. 좌우의 이념 갈등, 영호남의 지역 갈등, 남북의 체제 대결에 이어 세대 갈등, 젠더 갈등 등이 복합적으로 얽히면서 우리 사회는 갈가리 찢어지고 있다. 갈등을 풀어야 할 정치가 오히려 갈등을 부추기고 조장하면서 진영 간 대결은 더욱 심화되고 있다.

One Korea!
갈등을 넘어 미래로, 진영 간의 작은 이익을 넘어 국익 우선으로!
상호 간의 인정과 협력을 통해 더 큰 가치를 추구해야 한다. 언제까지 진영과 지역, 분단의 이익과 현실에 안주하며 작은 기득권에 매달려서는 안 된다.

제7공화국을 열고 선진대국으로 나가야 한다.
선진대국은 정치 보복, 진영 대결을 넘어 국익 우선, 국민 통합의 정신 위에서 이루어질 수 있다. 지금은 제7공화국을 준비하는 시기이다. 우리 대한민국의 새 시대를 준비할 때다.

새로운 헌법으로 제7공화국을 활짝 열어야 한다. 시대의 변화와 국민 의식의 전환에 뒤진 낡은 헌법 대신 새로운 미래를 열어가는 헌법개정이 시급하다. 새 헌법이 제7공화국의 형식이라면, 그 내용 즉 실질은 선진대국이어야 함을 강조한다. 선진대국을 강조하는 이유가 여기에 있다.

선진대국론은 우리나라 미래 100년의 지향이자 좌표가 되어야 한다. 1948년 우리 건국의 아버지들은 신생 대한민국의 모습에 대해 치열하게 고민했다. 일제 강점기와 미군정을 겨우 벗어난 헐벗은 상황에서 어떤 나라가 되어야 하며 어떤 방향으로 나아갈 것인가를 그렸다.

자유 민주주의와 시장 경제, 한미 동맹의 나라를 만들었고 오늘의 성취와 번영의 근간이 되었다. 각 부문의 민주화 열기가 분출되었던 1987년 개헌으로 제6공화국이 출범했고, 37년 동안 총 8인의 대통령이 좌우를 번갈아 취임하며 평화적 정권 교체를 이루어 냈다.

선진대국론과 신헌법은 제7공화국의 양 날개이고 실질과 형식을 의미한다. 이번 대선으로 제21대 대통령이 취임하고 2026년 지방 선거와 개헌 국민 투표를 동시에 실시한 후 신헌법으로 2028년 총선을 치르고 2030년 중임제 대통령을 뽑아 제7공화국 수립을 완성하는 것이다.

제7공화국은 국민 통합으로 국가목표와 국민 의지를 분명히 제시하고 상호 인정과 통합의 정치로 이념 갈등과 정치 보복의 역사를 끊어 내야 한다. 그리하여 명실상부한 선진대국으로 올라서고, G7 국가로서 세계 질서에 주도적으로 기여해야 한다.

2025년 6월 선출될 제21대 대통령의 제1 임무는 제7공화국, 선진대국 수립의 토대를 닦는 일이다. 선진대국의 비전을 실현하고 재임 중 제10차 개헌을 이루어 우리나라 미래 100년의 기틀을 세우고, 마땅히 주어진 시대적 소명과 문명사적 책무를 이행해야만 한다.

이제 지난 30여 년 정치역정의 모든 경험과 지혜를 담아 엄숙하고 겸허한 자세로 우리 국민을 믿고 내게 주어진 길을 가려 한다.

2025년 4월
홍준표

차례

들어가는 말 국민을 믿고 나에게 주어진 길을 가려 한다 · 홍준표   4

제1부 선진대국 시대

1. 선진대국(Great Korea)
잃어버린 국가 활력   20
선진대국의 모습   22
왜 '대국大國'인가?   24

2. 제7공화국
새로운 시대   30
개헌 – 대한민국 미래 100년의 토대   34
개헌 추진 로드맵   39

3. 선진대국으로 가는 길
국민 통합 – 'One Korea'   44
강력한 리더십   50
국익 우선 실용주의   51
국민 의식 대전환 – '공동체 사회 가치' 옹호   53

4. 선진대국 3대 비전
잘사는 나라   58
행복한 국민   66
강하고 안전한 국가   77

제2부 기업에게 자유를! 서민에게 기회를!
청년에게 꿈을!

1. "각자에게 그의 것을!"
   - 체제 개혁 – 다시 청와대로 … 90
   - 정치 개혁 – 국회 양원제, 중대선거구제 도입 … 94
   - 수사 기관 개혁 – 한국판 FBI 신설 … 98
   - 정부 개혁 – 미래전략원 신설 … 101
   - 행정 체계 개편 – 행정 구역 통합 추진 … 105
   - ABB 지능형 전자 정부 … 108
   - 빚을 대물림하지 않는 나라 … 109

2. 자유와 활력 경제
   - 자유와 창의 성장 … 114
   - 규제 배제 – 네거티브 규제로 대전환 … 117
   - 생산적 복지 – 서민 기회 복지 … 120
   - 일자리를 만드는 기업가와 납세자에 대한 우대 … 123
   - 내 집 마련을 위한 부동산 정책 … 124
   - 건강하고 든든한 노후 … 127
   - 사람을 살리는 의료 … 133
   - 금융 선진화 … 135

3. 첨단 미래 산업 육성
   - 초격차 기술 주도 성장 … 140
   - ABB 산업 육성 … 143
   - Web 3.0 시대 … 151
   - 교통 혁명 UAM 산업 선도 … 154
   - 지식 서비스 산업의 선진화 … 156

4. 강력한 국방, 튼튼한 안보

남북 핵 균형 – 한미 신방위 전략	160
국익 우선 외교	166
힘의 균형을 통한 대북 평화 공존	171
강한 안보 – 선진 정예 강군 건설	173

5. 수월성 교육, 시험 선발

수월성 교육으로 전환	186
고등 교육 시장 개방	189
교육 재정 개혁	190
유치원과 보육원 통합 완성	192
평생 교육 강화	193
'시험으로 뽑자'	194
판검사 임용 시험 도입	196

6. 노사 관계 선진화

선진대국 시대의 노사 관계	200
강성 귀족 노조 타파 – 비정규직 보호	202
노동 생산성에 따른 분배	205
노조의 사회적 책임 강화	207

7. 국가 균형 발전

5대 관문 공항론	213
지역 거점 도시	218
'5도 2촌' 정책	220
첨단 산업 지방 분산	222

8. 따뜻한 가정, 건강한 공동체

차별 금지가 아닌 격차 해소   226
패밀리즘 확산   231
범죄자는 감방으로   233
흉악범 사형 집행   234

9. 환경과 에너지 그리고 물

친환경과 탄소 중립   238
원전과 신재생 에너지 믹스   239
SMR 확대 및 조기 상용화   241
해저 유전 개발 - '그레이트 코리아 국부 펀드' 조성   244
에너지 산업의 전주기 밸류체인 강화   246
국가 물 관리 전략   250

10. 문화대국 코리아

문화대국 - 더 큰 문화 영토   254
'지원하되 간섭하지 않는다'   256
국립 문화 예술 단체의 분산   257
언론 공공성 제고와 완전 민영화   258
1인 미디어 시대 - 가짜 뉴스 근절   259

맺음말 나의 모든 것을 바치고자·홍준표   262

제1부

선진대국 시대
(Great Korea)

> 강한 경제, 깨끗한 정치, 높은 시민 의식,
> 도덕적 가치를 모두 갖춘 나라—
> 그것이 바로 선진대국입니다.

제1부

선진대국 시대

1.
선진대국(Great Korea)

경제·사회·안보·정치 등 모든
분야에서 근본적인 혁신을 추진하여
대한민국이 세계를 선도하는 강한
국가로 자리 잡을 수 있도록 해야 한다.

잃어버린 국가 활력

우리나라는 2024년 1인당 국민소득이 3만 6,000달러에 이르러 단순 경제 지표로는 선진국 대열에 진입했다. 일본과 대만을 앞질러 세계 6위에 올랐다.

그러나 경제를 제외한 정치·사회·안보·국민 의식 등 여러 분야에서는 여전히 선진국으로 자리 잡지 못하고 있다. 지난 30년 동안 우리는 높은 경제 성장 이후 계속해서 성장 정체와 구조적 문제를 겪으며 국가적 활력을 상실하고 있다.

경제 성장률 하락은 우리나라 발전을 가로막는 가장 큰 장애로 자리 잡고 있다. 2000년대 초반 4~5%대를 유지했던 경제 성장률은 최근 1~2%대로 하락하며 저성장이 고착화되고 있다. 산업 경쟁력의 쇠퇴와 생산성 정체 속에서 국가 경제의 성장 동력이 약화되고 있다. 무엇보다 급변하는 국제 경제 환경하에서 새로운 미래 100년을 먹여 살릴 첨단 산업을 찾아내지 못하고 있다. 동시에, 소득 불평등과 양극화는 계층 간 갈등을 심화시키고, 중산층의 기반이 흔들리고 있다. 대기업과 중소기업 간 격차, 부동산 가격 폭등, 자산 불평등 문제 등은 사회적 불안을 가중시킨다.

더욱 심각한 것은 저출산과 고령화 위기다. 세계 최저 수준으로 떨어진 출산율과 노동 인구의 급감은 경제 활력을 더욱 위축시키고 있다. 2020년부터 베이비붐 세대가 본격적으로 노년층에 진입하면서, 국민연금과 건강보험의 재정은 더욱 어려워지고 사회적 비용은 날로 커지고 있다. 노동력 부족은 결국 경제 성장 둔화와 복지 부담 증가로 이어져 우리나라의 지속 가능성을 위협하고 있다.

이와 함께 안보 위기도 심각해지고 있다. 북한은 핵 개발을 지속하며 군사적 위협을 강화하고 있으며, 미사일 시험발사를 포함한 다양한 도발을 통해 한반도의 긴장을 고조시키고 있다. 이러한 상황에서 우리나라는 자주 국방 능력을 더욱 강화하고, 한미 동맹을 바탕으로 확고한 안보 태세를 유지해야 한다.

정치적 양극화와 국민 분열도 심각한 문제다. 세대·이념·지역 갈등이 극한에 이르면서 사회 통합이 어려워지고 있다. 이러한 갈등을 둘러싼 정치적 대립이 격화되면서 국가적 비전은 흐려지고 정책 추진력이 줄어들고 있다. 이러한 국민 분열은 우리나라의 경쟁력을 약화시키고 국가 발전을 저해하는 요인으로 작용하고 있다.

따라서 국가 대개혁을 통해 성장 동력을 회복하고, 강력한 국가 비전과 국민 통합을 이루어야 한다. 경제·사회·안보·정치 등 모든 분야에서 근본적인 혁신을 추진하여 우리나라가 세계를 선도하는 강한 국가로 자리 잡을 수 있도록 해야 한다.

선진대국의 모습

진정한 선진국은 단순히 국민소득이 높거나 경제력이 강한 나라가 아니다. 경제 지표, 사회적 신뢰, 국민적 의식, 도덕적 가치가 조화를 이루며, 모든 분야에서 균형 있게 발전한 나라가 진정한 선진국이다. 정치, 경제, 사회, 법, 문화, 환경 등 모든 분야에서 선진화가 이루어지고, 국제적 기준(global standard)을 충족해야 한다.

첫째, 경제력은 강하면서 양극화의 간극이 줄어드는 나라여야 한다.

GDP가 높아도 국민 대다수가 성장의 혜택을 누리지 못하면 선진국이라 할 수 없다. 1인당 GDP가 4만 달러를 넘어서도, 중산층이 무너지고 서민 경제가 어려운 나라라면 결코 선진대국이 아니다. 소득 불평등을 줄이고, 모든 국민이 경제적 안정감을 느낄 수 있는 체제를 구축해야 한다.

둘째, 사회적 신뢰와 투명성이 높은 나라여야 한다.

법과 제도가 정착되고, 부정부패가 없는 나라가 선진국이다. OECD에 따르면 우리의 사회적 신뢰도는 30% 수준으로, OECD 평균인 50%에 크게 못 미친다. 국민이 정부와 기업을 믿고, 서로 신뢰하는 사회를 만들어야 진정한 선진국이 될 수 있다.

셋째, 국민적 의식과 시민 의식이 높은 수준에 올라와야 한다.
지키고, 공동체 의식을 바탕으로 서로 협력하는 국민이 많은 나라가 선진국이다. 도로에서 교통질서를 지키고, 공공장소에서 배려하는 문화가 자연스럽게 정착된 사회, 가진 자들의 기부와 나눔 문화가 정착된 사회가 진짜 선진국이다.

넷째, 도덕적 가치와 윤리가 강한 나라여야 한다.
국가의 경쟁력은 결국 국민의 도덕적 수준에서 나온다. 사회 지도층이 모범을 보이고, 정치권이 깨끗한 나라가 되어야 한다. 학연·지연·혈연보다 실력과 공정성이 인정받는 사회가 진정한 선진대국이다.

우리나라가 선진대국(Great Korea)으로 도약하기 위해서는 경제력뿐만 아니라, 사회적 신뢰, 국민 의식, 도덕적 가치까지 모든 분야에서 균형 잡힌 발전을 이루어야 한다. 특정 지표만 높은 것이 아니라, 국민이 체감할 수 있는 진정한 선진국을 만들어야 한다. 강한 경제, 깨끗한 정치, 높은 시민 의식, 도덕적 가치를 모두 갖춘 나라, 그것이 바로 선진대국이다.

왜 '대국大國'인가?

나는 우리가 꿈꾸는 나라를 단순한 선진국이 아닌 선진대국임을 강조한다. 대한민국은 단순한 소국小國이 아니다. 영토는 좁지만, 강한 자긍심과 역동성을 가진 나라다. 5,000년의 전통과 문화를 가진 국가이며, 짧은 기간 동안 경제 성장과 산업화를 이뤄낸 유일한 나라다. 민주화를 성공적으로 이루었고, 세계적 민주주의 국가로 자리 잡았다. 정치, 경제, 문화, 기술, 방산 등 다양한 분야에서 세계적 영향력을 가진 국가로 성장했다.

• 일제 강점기에서 선진국 반열에 오른 유일한 나라

우리는 36년간 일본의 식민 지배를 겪었고, 6.25 전쟁으로 나라 전체가 초토화되었다. 그러나 다른 국가들과 달리 전쟁과 일제 강점기의 상처를 이유로 타국을 수탈하거나 침략하지 않았다. 우리나라는 무역과 산업 발전만으로 경제 대국이 된 유일한 나라다. 1960년대 초반 1인당 GDP가 67달러에 불과했지만, 2024년 기준 1인당 GDP는 3만 6,000달러를 넘어섰다. 2022년 기준 우리 수출액은 6,839억 달러로 세계 6위에 올랐다. 무역 규모는 세계 8위로 글로벌 경제 강국으로 자리 잡았다. 수출을 통해 경제를 성장시킨 우리는 세계에서 유일하게 침략과 식민 지배 없이 선진국 반열에 오른 나라다.

• 받는 나라에서 주는 나라로 바뀐 나라

　대한민국은 한때 세계에서 가장 가난했던 나라였다. 1945년 광복 이후 미국과 국제 사회로부터 원조를 받았다. 2010년 우리는 OECD 개발원조위원회(DAC)에 가입하며 원조를 제공하는 국가로 전환했다. 2023년 대외원조(ODA) 규모는 46억 달러를 기록하며, 개발 도상국 지원을 강화하고 있다. 1970년대 새마을운동은 우리나라의 빈곤 극복과 경제 발전에 중요한 역할을 했다. 이를 통해 농촌 경제를 발전시키고, 전국적인 경제 성장의 기반을 마련했다. 이 모델은 개발 도상국들이 배우고자 하는 대표적인 성공 사례로 자리 잡았다.

　아프리카, 아시아, 중남미 등 전 세계 70여 개국이 새마을운동을 벤치마킹하고 있으며, 유엔(UN)과 세계은행(WB) 등 국제기구는 새마을운동을 개발 도상국 경제 발전의 성공 사례로 인정하고 있다. 우리 성장 경험은 전 세계 개발 도상국이 배우려는 롤 모델이 되고 있다.

• 전략적 가치가 있는 기술 제품을 만드는 제조 강국

　우리는 경제뿐만 아니라 문화와 산업 전반에서 세계 수준의 경쟁력을 갖춘 문화 강국이다. K-POP과 K-드라마는 전 세계적으로 한류 열풍을 일으키며 글로벌 문화 강국으로 자리 잡았다. 2023년 우리 문화 수출액은 125억 달러를 기록하며 사상 최고치를 경신했다.

특히 우리는 전략적 가치가 있는 첨단 기술 제품을 제시간 내에 만들어 낼 수 있는 세계적 제조 강국이다. 국내에 제조업 소부장(소재 부품 장비) 공급망을 갖추고 있고 경쟁력 있는 산업기술과 인력을 보유하고 있다

AI 시대를 맞아 부각되는 원전 산업은 우리나라가 독보적이다. 방위 산업 역시 세계적으로 인정받고 있다. 2023년 방산 수출액은 173억 달러로 사상 최대를 기록하며 세계 4위 방산 수출국으로 도약했다. 조선 산업에서도 2023년 세계 선박 수주량 1위를 기록하며 조선 강국으로 자리 잡았다. 자동차 산업에서는 현대·기아차가 2023년 글로벌 판매량 3위를 기록하며 세계적인 자동차 제조 업체로 성장했다. 반도체 산업에서도 삼성전자와 SK하이닉스가 글로벌 시장 점유율 2위와 3위를 기록하며 반도체 강국임을 증명하고 있다.

우리는 역사적으로 가장 빠른 경제 성장과 산업화를 이룬 나라다. 일제 강점기와 전쟁을 극복하고, 원조를 받던 나라에서 원조를 주는 나라로 변모했다. 문화, 산업, 경제, 외교 등 모든 분야에서 글로벌 리더로 자리 잡으며 세계가 인정하는 국가가 되었다.

그러나 아직 갈 길이 남아 있다. 그 원동력은 에너지 넘치는 활기 있는 국민성에 있다. '우리는 할 수 있다', '한다면 이뤄낼

수 있다'라는 강한 자신감을 가지고 있다. 2002년 월드컵에서 4강 신화를 만들었고, K-POP, K-푸드 등 지금까지 여러 분야에서 세계 수준에 올라섰다.

앞으로 우리는 경제력뿐만 아니라, 국제적 신뢰, 도덕적 가치, 강한 안보까지 모두 갖춘 강한 나라로 성장해야 한다. 단순한 선진국이 아니라 세계가 인정하는 선진대국(Great Korea)으로 도약해야 한다. 우리는 더 이상 작은 나라가 아니다. 이제는 글로벌 리더로서 국제 사회를 선도하는 강한 나라가 되어야 한다.

제1부

선진대국 시대

2.
제7공화국

제7공화국은 강한 나라를 만드는
국가 대전환 프로젝트다. 잘사는 나라,
행복한 국민, 강한 안보를 갖춘
대한민국을 반드시 실현해야 한다.

선진대국(Great Korea)은 우리가 열어갈 제7공화국의 실질이자 내용이다. 제7공화국은 정치, 경제, 사회, 안보 등 모든 분야에서 우리가 한 단계 더 도약하는 새로운 국가체제다. 기존의 낡은 틀에서 벗어나, 선진국다운 법과 질서를 확립하고, 국민이 잘사는 나라를 만드는 것이 핵심이다.

제7공화국은 단순한 정치적 개념이 아니다. 국가 시스템 전반을 혁신하여 우리나라를 진정한 선진국으로 완성하는 국가 개조 프로젝트다. 법과 정의가 바로 서고, 경제가 지속적으로 성장하며, 국민이 행복을 느낄 수 있는 나라를 만드는 것이 그 목표다. 제7공화국은 우리의 근본적인 개혁이자, 세계 속의 강한 나라를 만드는 국가 대전환 프로젝트다. 잘사는 나라, 행복한 국민, 강하고 안전한 나라의 선진대국 제7공화국을 반드시 실현해야 한다. 지금은 대한민국이 변화해야 할 때다.

새로운 시대

우리가 명실상부한 선진대국으로 도약하기 위해서는 헌법 개정이 반드시 필요하다. 제7공화국은 국가 운영의 실질적인 개혁을 의미하며, 이를 뒷받침할 새로운 헌법은 그 체계를 정립하는 근본적인 형식(틀)이다. 변화된 여건과 국민정신을 반영하여 새로운 시대에 맞는 헌법을 만들어야 한다.

제7공화국(실질) - 신헌법(형식)

현재 우리 헌법은 1987년 민주화 대투쟁의 소용돌이 속에서 제정되었다. 당시 개헌은 분출하는 열기와 흥분된 열망 속에서 이루어졌고, 기본권 확대와 경제민주화 조항 등이 포함되었다. 그러나 헌법이 만들어진 지 40년 가까이 흐르면서 현실과 맞지 않는 조항들이 국가 운영의 걸림돌이 되고 있다. '87년 체제'의 결과로 등장한 정치 세력은 이제 기득권 집단으로 전락했다. 지나치게 이상적인 기본권 조항과 국가 개입을 강조한 경제민주화 조항에 대한 전면 조정이 필요하다. 지난 40여 년간 우리 경제 운용은 헌법 119조의 예외 조항인 '경제민주화'를 중심으로 이루어졌지만, 앞으로는 정상화하여 원칙 조항인 '자유와 창의'를 기본으로 운용해야 한다. 예외 조항은 극히 제한적으로 적용하도록 해야 한다. 또한 대통령 중심제의 구조적 문제가 표출되면서 권력 구조 개편에 대한 필요성이 꾸준히 제기되고 있다.

우리가 선진국을 넘어 선진대국으로 도약하기 위해서는 헌법 역시 시대에 맞게 변화해야 한다. 정치·행정 체계를 개혁하여 국가 운영의 효율성을 높이고, 실용주의 헌법을 마련해야 한다. 경제 부문에서는 시장 중심의 경제 시스템을 보장하고, 불필요한 국가 개입을 줄이는 방향으로 개정해야 한다. 또한 우리의 안보 현실을 반영하여 강한 국방과 외교력을 뒷받침할 조항을 강화해야 한다.

제7공화국을 완성하는 새로운 헌법은 우리나라가 세계 강국으로 자리 잡을 수 있도록 하는 근본적인 틀이 되어야 한다. 기존의 1987년 헌법이 민주주의를 정착시키는 데 중요한 역할을 했다면, 이제는 대한민국이 글로벌 리더로 도약하기 위한 새로운 헌법이 필요하다. 선진대국을 위한 헌법 개정을 더 이상 미룰 수 없다.

그간 '87년 체제'를 극복하기 위한 개헌 논의는 꾸준히 제기되었다. 역대 정권들은 선거 과정에서 개헌을 공약했지만, 막상 정권을 잡으면 개헌 논의를 피하거나 미루면서 실행하지 않았다.

개헌 논의가 무산된 가장 큰 이유는 좌·우파 갈등과 정국 블랙홀 우려, 권력 구조 개편에 대한 부담 때문이었다.

첫째, 역대 정권들은 개헌을 공약했지만, 정권을 잡은 이후에는 회피했다.

개헌이 필요하다는 것은 대다수 정치인이 인정하지만, 정권을 잡은 이후에는 개헌 논의가 정국 운영을 어렵게 만들 수 있다는 우려 때문에 실행을 미뤘다. 대통령 5년 단임제의 한계를 보완해야 한다고 주장하면서도, 정권을 잡은 후에는 단임제를 유지하려는 태도가 반복되었다.

둘째, 좌·우파 갈등이 개헌 논의를 가로막았다.

개헌 논의가 시작될 때마다 진보와 보수 진영 간의 이념 대립이 격화되었다. 진보는 대통령 권한을 줄이고 국회의 권한 확대를 선호하는 반면, 보수는 강한 국가 리더십을 선호했다. 개헌이 특정 정당이나 진영에 유리한 방향으로 진행될 것이라는 불신이 강해지면서 합의가 이루어지지 못했다.

셋째, 국정 운영의 블랙홀 우려로 인해 개헌 논의가 무산되었다.

개헌 논의가 시작될 경우, 국정 운영의 모든 이슈가 개헌에 집중되면서 정부의 정책 추진이 어려워질 것이라는 우려가 있었다. 대통령 임기 중반 이후 개헌 논의가 본격화되면 차기 정권을 노리는 정치 세력 간의 이해관계가 충돌하면서 개헌이 지연되었다.

넷째, 권력 구조 개편에 대한 이해관계의 충돌이 있었다.

대통령 4년 중임제, 내각제, 분권형 대통령제 등 다양한 권력 구조 개편안이 논의되었지만, 정치권은 개헌이 자신들에게 유리한지 아닌지에 따라 논의 방향을 달리했다. 개헌을 정략적으로 이용하려는 경향이 강해지면서 실질적인 논의가 진행되지 못했다.

2025년 정치상황 하에서 개헌의 필요성과 정치권의 합의는 충분히 검토된 상황이며, 남은 것은 결단과 실행뿐이다. 현행 헌법은 1987년 민주화 운동의 결과물로, 40년 가까이 운영되었지만, 시대적 변화를 반영하지 못하고 있다. 낡은 조항을 정비하고, 국제 환경 변화와 국민 요구를 반영하는 개헌이 필수적이다.

개헌 – 대한민국 미래 100년의 토대

우리가 선진대국으로 도약하기 위해서는 권력을 분산하고 국가 운영의 효율성을 높이는 개헌이 필요하다. 권력 분산, 대통령직 안정성 강화를 중심으로 헌법을 수호하기 위한 탄핵·계엄 등 비상조치 규정 보완, 영장 청구 권한 조정 등이 포함되어야 한다. 또 변화된 개인의 기본권 확대, 자유와 창의의 자유시장 경제 원칙 강화, 핵 안보와 자주국방 원칙의 헌법적 보장 등도 반영되어야 한다.

• 4년 중임제, 정·부통령제

'87년 헌법'의 5년 단임제는 장기집권의 위험을 제거하고 평화적 정권 교체를 원활히 하려는 의도에서 도입되었다. 그러나 이제는 새로운 접근이 필요하다.

4년 중임 정·부통령제 도입은 대통령의 안정적 국정 운영을 가능하게 한다. 이는 정책의 지속성과 일관성을 확보할 수 있고, 대통령의 재선 가능성으로 레임덕 현상이 완화될 수 있다. 또한 국민이 대통령의 성과를 평가하고 다시 선택할 기회를 가질 수 있고, 장기적인 국가 발전 전략을 추진할 수 있다.

특히 대통령 궐위 시 임명직인 국무총리가 대통령의 권한을 대행하는 것은 주권재민主權在民의 원칙에 맞지 않다. 미국처럼 선출직 부통령제를 도입하여 대통령 유고 시 권한을 대행하게 해야 한다. 국민이 선출한 부통령은 대통령 궐위 시 대통령을 대행하게 되고 현행 국무총리의 역할을 하는 동시에 양원제 국회에서 상원의 의장이 된다.

• 대통령 선거 결선투표제

대통령 선거 결선투표제 도입도 고려해야 한다. 과반수를 얻는 후보자가 없을 경우, 2주 안에 1, 2등 후보 간에 결선투표를 실시해서 과반수 득표자를 당선인으로 결정하는 제도이다. 유권자 과반수 이상의 지지로 대통령을 선출하여 '대선 불복' 등 시대착오적 행태를 없애고 민주적 정당성을 확보하여 대통령직의 안정성을 높여야 한다.

• 양원제 국회

계엄과 탄핵의 시간을 지나고 있는 지금, 함께 고민해야 할 제도는 양원제 국회이다. 양원제는 상원과 하원으로 구성된 의회 시스템으로, 다양한 의견을 반영하고 정치적 다양성을 보장하는 구조적 장점을 지닌다. 이는 정치적 대결을 완화하여 국정 운영의 안정성을 높인다.

상원과 하원이 서로 다른 방식으로 선출되기 때문에 국회의 권한 분산과 비효율성을 개선할 수 있다. 특정 정당이나 정치 세력이 과도한 권력을 행사하는 것을 방지할 수 있어 입법 교착 현상을 줄일 수 있다. 상원에 기존 법사위의 기능을 강화하여 '법률 규제 심의' 기능을 부여하여 국회 스스로 규제 입법을 제한할 수 있도록 해야 한다. 상원은 광역자치단체 단위로 선출하고 50인 이하로 한다. 하원은 비례 대표를 폐지하고 지역구 인구 비례로 선출하며 200인 이하로 한다. 상·하원 모두 면책 특권은 허용하되, 불체포 특권은 폐지한다.

● 헌법재판소 폐지, 대법원 헌법재판부 설치

헌법재판소는 이번 탄핵 심판 과정에서 국민적 신뢰를 크게 상실했다. 따라서 개헌을 통해 헌법재판소를 폐지하고, 대법원에 대법관 숫자를 4인 늘려 헌법재판부를 설치하여 정당 해산과 탄핵 심의 등을 다루게 하는 게 옳다.

많은 국민들은 헌법재판소 재판관들이 독립적이고 공정한 심판을 진행할 것으로 기대했으나, 실상은 그러하지 못하다고 믿고 있다. 재판관의 임면에서 탄핵 심판에 이르기까지 논란의 중심에 있었고, 심지어 헌재의 전문성까지 의심 받는 지경에 이르렀다. 특히 재판관들 개인의 이념적 편향성과 헌법재판소 조직의 비효율성 등은 굳이 별도의 기관으로 존치할 이유가 있는가를 묻고 있다.

대법원 내에 헌법재판부를 신설하는 방안은 여러 국가에서 채택하고 있는 안 중 하나다. 미국, 일본 등 여러 선진국에서는 대법원이 헌법 소송을 직접 담당하고 있으며, 이를 통해 법 체계의 일관성을 유지하고 있다.

대법원 헌법재판부는 헌법 해석이 대법원의 판례와 조화를 이루며, 법률과 헌법 판단 간 충돌을 최소화하여 사법적 일관성을 강화할 수 있다. 또 대법관들의 법적 경험과 전문성을 활용하여 보다 정교한 헌법 해석이 가능함으로 신뢰성을 높일 수 있다. 특히 대법원 내에서 헌법 재판을 수행할 경우, 정치적 영향을 덜 받고 객관적인 판단을 내릴 수 있다.

공정과 신뢰를 잃은 조직의 판결에는 그 누구도 승복하지 않는다. 헌재는 스스로의 이념적 편향성에 매몰되었고 국민적 저항을 자초해 왔다. 1987년 제6공화국 헌법에 의해 탄생된 헌재는 '87년 체제'의 부정적 유산으로 이제 역사 속으로 사라져야 한다.

• 선거관리위원회 대수술

최근 선거 부정 논란과 선거관리위원회의 채용과 운영비리 사례는 선관위 대수술이 필요함을 말해 준다. 부정선거 의혹에 대한 투명한 조사와 검증이 필요하다. 또 선관위 조직과 구성, 권능에 대한 새로운 정비가 있어야 한다. 선관위는 문어발처럼 업무 영역을 확대하여 후진국 개발원조에서 아파트 입주자회의 대표와 초등학교 학생회장 선거까지 나서고 있다. 또 채용 비리와 복무 기강 해이, 방만한 조직 운영 등으로 국민적 분노를 사면서 우리 사회의 공정과 정의를 좀먹고 있다. 선관위는 존치하되 국가 선거와 정당 사무로 한정하고 감사원 또는 특별감사관 등 외부의 감사를 받는 방안을 모색해야 한다.

• 지방 분권

대통령에게 의사결정 권한이 집중되어 있을 때 정쟁의 가능성은 높아질 수밖에 없다. 중앙 정부의 권한을 대폭 지방 정부로 넘겨 지방 분권화와 자치를 연방제 수준으로 높여야 한다. 지방 분권의 핵심은 권한과 예산이다. 부처의 권한을 파격적으로 지자체로 넘기고, 국세와 지방세의 비율도 7:3으로, 중장기적으로는 6:4 정도까지 조정해야 한다.

지방 분권은 오래전부터 논의되어 왔지만, 시늉에 불과했고 성과는 크지 않았다. 지방 행정의 능력 부족으로 큰 권한을 넘길 수 없다거나 행정 투명성이 미흡하다는 등의 이유를 들면서 권한 이양에는 소극적이었다.

다가오는 선진대국 시대를 위한 대통령과 정치권의 담대한 결단이 필요하다. 나의 경상남도 도지사와 대구광역시 시장의 경험을 통해 보면, 이제는 지방이 더 많은 역할을 할 수 있는 충분한 능력을 갖추고 있다. 명실상부한 지방 시대를 열 때가 되었다고 본다.

개헌 추진 로드맵

개헌은 특정 진영에 유리한 개헌이 아니라, 국민 모두가 수용할 수 있는 개헌이 되어야 한다. 이를 위해 우파 행정부와 좌파 입법부 간의 타협과 협력을 통해 국민적 합의를 도출해야 한다. 역대 개헌 논의가 좌우 진영의 정치적 이해관계로 인해 무산된 사례가 많았던 만큼, 이번 개헌에서는 상호 신뢰를 구축하고 협력적인 개헌이 이루어질 수 있도록 해야 한다.

개헌은 단순히 대통령제냐, 내각제냐의 문제가 아니다. 우리의 정치 시스템을 효율적으로 정비하고, 대한민국 미래 100년을 대비하는 국가적 개혁 작업이다. 여소야대 상황에서 여야 협력을 이끌어 내고, 개헌 합의 과정을 국가 발전의 토대로 활용해야 한다.

구체적인 일정은 제21대 대통령 선거 후, 개헌 논의를 시작하여 2026년 6월 3일 제9회 전국 동시 지방 선거와 개헌 국민투표를 함께 실시하는 것이다. 신헌법으로 2028년 양원제 국회를 구성하고 2030년 대선을 치르면 된다. 이렇게 되면 2030년 선출되는 제22대 대통령은 4년 중임의 제7공화국의 첫 번째 대통령이 되는 것이다.

제7공화국을 위한 개헌 일정

2025년 6월	• 개헌 논의 시작
2026년 6월 3일	• 개헌안 국민투표, 제9회 지방선거 동시 실시 • 제7공화국 준비 선언 • 국가 시스템 전환을 위한 법적·행정적 준비 시작
2028년 4월 12일	• 제23대 국회의원 선거 • 양원제 국회 구성
2030년 5월	• 제22대 대통령 취임, 제7공화국 본격 출범 • 새로운 헌법이 적용된 대한민국의 첫 대통령 취임 • 신헌법에 따라 정치·경제·사회 전반에서 선진대국 시스템 가동

제7공화국 출범은 단순한 헌법 개정을 넘어, 우리나라가 G7의 글로벌 리더로 자리 잡는 국가 대전환 프로젝트의 완성을

의미한다. 개헌을 통해 권력 구조 개편, 경제 시스템 혁신, 자주국방 강화 등을 이루어 냄으로써 우리나라를 명실상부한 선진 대국으로 만드는 출발점이 되어야 한다.

제1부

선진대국 시대

3. 선진대국으로 가는 길

국민이 하나 되어 나아가야 한다.
우리 앞에 놓인 갈등과 격차를 극복하고
'One Korea'의 통합을 이루어야 한다.
이것이 21대 대통령 앞에 놓인 과제다.

국민 통합 – 'One Korea'

우리나라가 진정한 선진대국(Great Korea)으로 도약하기 위해 가장 중요한 것은 국민 의지의 결집, 즉 국민 통합이다. 제6공화국 체제에서는 정치적 대결과 국론 분열이 심화되었고, 그로 인해 주권자인 국민이 정치를 걱정하고 직접 거리에 나서는 일이 이어졌다. 이에 따라 엄청난 갈등 비용을 치러야 했으며 사회적 신뢰는 약화되었다.

국가가 성장하려면 국민이 하나 되어 나가야 한다. 선진국의 핵심은 경제력이 아니라 국민이 하나 되는 힘에 있다. 그러나 우리는 여전히 이념 갈등, 지역 갈등, 남북 갈등 등의 내부적 문제로 인해 통합되지 못하고 있다. 또 세대 격차, 빈부 격차, 젠더 갈등 등도 부각되고 있다.

이제는 'One Korea'라는 비전 아래 국민 통합을 이루어야 한다. 이를 위해서는 좌우 협력, 남북 평화 공존, 영호남 화합을 이루어야 한다. 국민이 단합하고, 정치가 정상화되며, 지역 간 협력이 이루어질 때 우리나라는 진정한 선진대국으로 도약할 수 있다.

국민 갈등을 극복하고 이 열정과 에너지를 더 나은 미래를 위한 동력으로 승화시키고 국가 비전을 분명히 하고 온 국민과 함께 힘을 모아 나가야 한다. 선진대국의 목표, 이 속에서 펼쳐 나갈 개인의 삶과 미래를 선명히 제시하고 누구 하나 뒤처지지 않고 함께 나아갈 수 있도록 해야 한다.

지금의 혼란을 수습하고 새로운 시대를 열어갈 토대를 구축하는 것, 대한민국 100년의 선진대국의 기반을 마련하는 것, 성취와 번영의 제7공화국 성공을 위한 기틀을 다지는 것, 이것이 21대 대통령 앞에 놓인 과제라 할 것이다.

● 좌우 협력-"각자에게 그의 것을"

우리 정치는 국민을 대표해야 하지만, 오히려 국민을 분열시키는 요인이 되어 왔다. 이념 갈등과 진영 대결이 극단적으로 심화되면서, 정치적 대립이 국정을 마비시키는 상황이 반복되고 있다. 좌파와 우파가 극단적으로 대립하며, 국익보다 정당의 이익을 우선시하는 정치구조는 국민을 힘들게 만들었다.

정치적 대립을 해소하고, 실용적인 협력 정치로 전환해야 한다. 이념이 아닌 실질적인 정책을 중심으로 정치를 복원해야 한다. 좌파와 우파의 협력 없이는 국민 통합도 불가능하다.

여기서 로마의 철학자이자 법학자인 울피아누스(Domitius Ulpianus)의 금언을 새겨봐야 한다. 바로 그 정의는 '각자에게 그의 것을 주는 것 (Ius suum cuique tribuere)'이라는 말이다. 국민을 안심시키는 정국 안정의 열쇠는 공존의 정치이고, 공존은 각자에게 그의 몫을 주는 상생의 정치인 것이다.

신탕평新蕩平은 오늘의 정치 현실을 고려한 상생과 협력 정치의 원칙이다. 바로 타협과 협치를 기반으로 여야가 협력하고, 극단적인 진영 논리를 배제한 합리적인 정치 세력을 중심으로 국정을 운영하는 원칙을 의미한다. 정치란 국민을 위해 존재하는 것이며, 특정 진영의 이익을 대변하는 도구가 되어서는 안 된다. 국정 운영의 최우선 가치는 오직 국익과 국민 행복이어야 한다.

오늘날 우리 국민은 진영주의 폐해를 눈앞에서 체험하고 있다. 국민의 반이 상대를 적으로 규정하고 비난하고 있다. 조선조 사색당파의 부활이고 사화士禍의 재연이다.

진영 대결이 낳은 가장 심각한 유산은 대통령의 행위에 대한 과도한 법률 적용이다. 이른바 적폐 청산의 보복 정치와 상대를 도륙하는 검사 정치 프레임에는 그 누구도 자유롭거나 안전할 수 없다. 그 주된 대상이 대통령 선거로 뽑힌 대통령이다.

대통령의 행위를 규율하는 법률은 너무나 촘촘해졌다. 탄핵 수사나 적폐 보복 수사 과정에서 이른바 직권남용죄가 남발되고, '경제적 공동체'라는 생소한 개념이 도입되는 것은 검찰권 과잉이라고 할 수밖에 없다. 과거 국가원수의 통치 행위로 간주한 행위들을 법률로 과도하게 의율하려는 행위는 국가 발전에 도움이 되지 않는다.

정치 복원, 진영 논리 해소를 위해서는 그 무엇보다 대통령의 결단이 필요하다. 때론 자기 진영의 요구에도 단호해야 하며 비난과 비판을 감내할 용기가 있어야 한다. 대통령이 먼저 나서서 홀로 실천해 나가고, 그 진정성을 보일 때 비로소 당이 움직이고 진영이 공감하게 된다. 고 노무현 전 대통령은 정치 보복을 없애는 대연정에 진심이었으나, 출신 당에서조차 공감을 얻지 못했고 결국 그 꿈을 이루지 못하고 무너졌다.

역대 대통령들이 정치 보복의 대상이 되어 비참한 운명을 맞는 것은 그 정치 보복이 단순한 개인적 한풀이 차원이 아니라 정치적 내전의 일환이라는 성격을 갖기 때문이다. 결국 정치 복원, 진영 논리 해소는 몇 개의 법률로 되는 일이 아니다. 이러한 협력 정치의 정신이 정치권으로 확산되고, 여러 차례의 정권 교체를 통해 관철될 때 비로소 정치 관행과 제도로 정착될 수 있다. 따라서 오랜 시간을 필요로 한다. 그렇다고 미룰 일은 더욱 아니다.

진영론과 대결 정치는 선진대국과는 결코 함께 갈 수 없다. 제7공화국은 제6공화국의 부정적 유산을 하나씩 씻어내야 한다. 정치의 낡은 부정적 유산을 걷어내는 정치 대전환에 적극 나서야 한다.

● 남북 평화 공존 – 상호 불간섭주의 원칙

　남북문제 역시 우리 내부의 정치적 갈등과 연결되어 있다. 남북 관계를 둘러싼 이념 대립이 극심해지면서, 대북 정책이 정권마다 극단적으로 변화하는 문제가 반복되었다. 이제는 감정적 대결이 아니라, 실질적인 평화 공존 전략이 필요하다.
　우리는 현실을 냉정하게 볼 필요가 있다. 당장 북한과의 통일을 이루기 어려운 상황이다. 따라서 단기적으로는 상호 불간섭 원칙을 유지하면서, 장기적으로는 실질적인 협력을 구축해야 한다.

- 'One Korea'라는 민족적 명제 아래, 남북 간의 현실적인 평화 공존을 모색해야 한다.
- 상호 불간섭주의 원칙을 확립하여, 남북이 각자의 체제를 인정하는 기조를 유지해야 한다.
- 남북 핵 균형을 통한 무장평화로 나가야 한다.

　북한의 핵 위협과 군사 도발에 대한 강한 억제력을 유지하면서도, 장기적으로 한반도 안정성을 확보하는 방향으로 정책을 조정해야 한다. 남북 대립이 정치적으로 이용되지 않도록, 실용적인 대북 정책이 필요하다.

● 영호남 화합 – 지역 간 협력 강화

우리의 지역주의는 정치권이 만들어 낸 가장 큰 갈등 요소 중 하나다. 정치적 목적에 의해 조장된 지역 대립이 오랜 기간 지속되면서, 영호남 간의 갈등은 국민 통합을 방해하는 주요 요인이 되었다. 지역주의를 해소하지 않으면, 국민 통합도 불가능하다.

국가 발전을 위해서는 지역 간 협력이 필수적이다. 수도권과 지방의 불균형을 해소하고, 영호남이 서로 협력할 수 있는 체계를 마련해야 한다. 이를 위해 다음과 같은 정책이 필요하다.

- 수도권과 영호남 간의 균형 발전을 이루고, 지역 간 격차를 해소해야 한다.
- 지역별 특성을 살려 상호 협력하는 경제·산업 구조를 구축해야 한다.
- 정치적으로 지역주의를 조장하는 행태를 근절해야 한다.
- 행정 개혁을 통해 지방 분권을 강화하고, 지역 경제를 활성화해야 한다.

영호남 화합은 단순한 상징적 의미를 넘어서, 우리나라의 지속가능한 발전을 이루기 위한 필수 요소다. 지역 간 협력을 통해 국가 경쟁력을 강화하고, 우리나라가 하나의 공동체로 발전할 수 있도록 해야 한다. 대구시는 광주시와 '달빛동맹'의 이름으로 도심 군공항 이전사업, 달빛 철도 개설 등 다양한 협력을 전개하고 있다.

강력한 리더십

우리가 선진대국(Great Korea)으로 도약하기 위해서는 국민 통합이 필수적이다. 더 큰 미래를 위해 국민이 하나가 되어야 하며, 이를 이끌어갈 강력한 리더십이 필요하다.

강한 국가는 내부적으로 단합된 국민적 역량을 바탕으로 성장한다. 국민이 하나로 결집할 때, 우리는 국제 사회에서 더욱 강한 나라로 자리 잡을 수 있다. 분열된 사회로는 선진대국으로 나아갈 수 없다. 경제, 정치, 안보, 사회 등 모든 분야에서 하나의 목표를 향해 나아가는 국가적 비전을 설정하고, 강한 리더십을 바탕으로 국민적 역량을 집중해야 한다.

우리는 IMF 경제 위기, 글로벌 금융 위기, 코로나19 팬데믹을 거치며 국민적 역량을 결집하여 어려움을 극복했다. 이제는 더 큰 미래를 위해 국민적 에너지를 모아야 한다. 선진대국의 비전과 꿈을 향해 나아가야 한다.

강력한 리더십은 국민을 갈라놓는 것이 아니라, 국민을 하나로 만드는 힘이어야 한다. 지도자는 트럼프식 실용주의와 고르

디우스의 매듭을 자르는 알렉산더의 결단으로 미래의 방향을 정해야 한다. 기존의 관행을 답습하는 것이 아니라, 과감한 개혁과 결단을 통해 국민의 생명과 재산을 보호하는 것이 진정한 실용-지치實用之治다.

우리 정책 방향이 보수와 진보의 작은 경계를 넘어서 국민의 실질적인 이익을 고려하는 방식으로 운영될 때, 우리나라는 더욱 강한 나라가 될 수 있다. 대한민국 미래 100년을 준비하기 위해 국민의 힘을 모으고, 강력한 리더십으로 국민적 역량을 결집해야 한다. 국민이 하나 된 대한민국만이 세계 속의 진정한 선진대국이 될 수 있다.

국익 우선 실용주의

선진대국(Great Korea) 건설을 위해 필요한 것은 국익을 중심으로 한 실용적 접근이다. 대외적으로 국가 이익과 국민 행복에 우선하는 것은 없다. 우리나라가 글로벌 강국으로 성장하기 위해서는 기존의 보수적 가치와 실용적 접근을 결합하여 현실적인 정책을 추진해야 한다. 모든 가치 기준을 오직 국익과 국민 행복에 두고, 유연한 정책 접근을 통해 우리나라를 더욱 강한 나라로 만들어야 한다.

국가 이익은 단순히 경제적 이익만을 의미하는 것이 아니라,

외교, 안보, 산업, 문화, 사회 전반에서 우리나라가 최대한의 이익을 확보하는 것을 뜻한다. 국가가 강해지려면 국익이 보장되어야 하며, 국민이 안정적인 삶을 누릴 수 있도록 실질적인 정책이 뒷받침되어야 한다.

우리 외교와 안보는 정파를 뛰어넘어 국익 우선을 중심으로 추진되어야 한다. 한미 동맹을 기반으로 하되, 독자적인 안보 역량을 강화하며 중국, 일본과의 관계에서도 실용적 접근을 통해 국익을 극대화해야 한다. 군사력과 경제력을 바탕으로 국제 사회에서 우리의 전략적 입지를 강화하고, 방위 산업, 반도체, AI 등 첨단 산업을 기반으로 글로벌 경제 경쟁력을 높여야 한다.

국제 사회에서도 이제 우리는 기여한 만큼의 정당한 몫을 요구해야 한다. 외교 무대에서는 국가 간 경쟁이 치열한 만큼, 우리의 이익을 적극적으로 주장하고, 실질적인 이익을 확보하는 태도를 유지해야 한다. 대북 정책에서도 원칙 없는 지원보다는 국익 중심의 실용적 협력을 추진해야 하며, 국제 개발 원조(ODA)도 우리의 국익과 연계되는 방향으로 조정해야 한다.

예를 들어 이스라엘은 작은 국토에도 불구하고 뛰어난 안보 전략과 방산 산업 육성을 통해 강대국들과 협력하며 자국의 국익을 확보해 왔다. 싱가포르는 작은 도시 국가임에도 불구하고 강력한 경제 정책과 글로벌 금융 중심지로 자리 잡으며 국제적 영향력을 극대화했다.

국민 의식 대전환 – '공동체 사회 가치' 옹호

국민들이 공동체의 가치를 존중하고, 법과 질서를 지키며, 사회적 책임을 다하는 성숙한 시민 의식을 가질 때 진정한 선진대국으로 나아갈 수 있다.

우리는 전통 사회에서 이미 계 모임, 품앗이, 상호부조 등 공동체를 구축하여 왔으나, 산업화와 경제 성장 과정에서 물질적 부강을 이루면서 개인주의가 확대되고 사회적 신뢰와 공동체 정신은 상대적으로 약화되었다. 그러나 21세기 이후 SNS 등을 통하여 온오프(on off) 공동체 사회가 다시 형성되고 있다. 경제적 성공만으로는 지속 가능한 국가 발전을 보장할 수 없다.

● 정의로운 나라 – 법과 원칙이 바로 선 사회

국가가 국민에게 신뢰받기 위해서는 법과 원칙이 바로 서야 한다. 누구도 법 위에 군림할 수 없으며, 범죄를 저지른 자는 반드시 죗값을 치러야 한다. 무엇보다 진영 논리가 법의 원칙 위에 두는 현상이 나타나고 있다. 우리 진영이면 우리 공동체를 파괴하는 범죄자조차도 옹호하는 가치의 전도 현상이 나오고 있다. 진영의 이익이 모든 가치의 최우선이 된 법치의 붕괴 모습이다.

또 정치 지도자와 사회 지도층이 부정부패에 연루되거나 법을 악용하는 일이 있어서는 안 된다. 지도층의 부패는 국민적 신뢰를 무너뜨리고 국가의 근간을 흔든다. 법은 모든 국민에게 평등하게 적용되어야 하며, 권력과 돈이 법의 정의를 왜곡하는 일이 없어야 한다.

국민이 안전하게 생활할 수 있도록 강력 범죄를 근절하고 법과 질서를 강화해야 한다. 마약과 조직 폭력, 생활 폭력과 같은 범죄를 철저히 단속하고, 국민이 안심하고 생활할 수 있는 환경을 조성해야 한다. 법을 위반하는 행위가 용납되지 않도록 공정한 법 집행이 이루어져야 하며, 특히 사회 지도층의 범죄는 더욱 엄중하게 처벌해야 한다.

법과 원칙이 바로 선 사회에서는 국민이 신뢰를 느끼고 살아갈 수 있다. 정의로운 사회는 단순한 구호가 아니라, 공정한 법 집행과 강력한 법치주의를 바탕으로 형성된다. 국가는 국민을 보호해야 하며, 국민이 국가를 신뢰할 수 있도록 공정한 사회 시스템을 구축해야 한다.

● 건강한 공동체 운동 - 사회적 가치 회복

선진국은 경제력이 아니라 사회적 신뢰와 공동체 정신이 강한 나라다. 우리가 지속 가능한 발전을 이루려면 공동체 가치를 회복하고 국민 개개인이 사회적 책임을 다하는 성숙한 시민 의식을 가져야 한다. 공동체 정신이 살아 있는 사회는 서로 신뢰하고 협력하는 문화가 자리 잡으며, 국민의 삶의 질이 더욱 향상된다.

건강한 공동체를 만들기 위해서는 가족과 지역 사회, 국가 공동체에 대한 신뢰를 높이는 것이 중요하다. 가정에서부터 생명과 사랑, 타인에 대한 배려와 존중이 강조되어야 한다. 사회적 격차를 해소하고, 경제적 이익뿐만 아니라 공동체의 조화로운 발전을 이루는 것이 선진국으로 가는 길이다.

미래 세대를 위한 교육 개혁도 필수적이다. 어린 시절부터 공동체 정신을 배우고 실천하는 문화가 정착될 때 우리는 더욱 성숙한 사회로 발전할 수 있다. 유아부터 초중고 교육 과정에서 질서와 인성, 사회성을 교육하고, 공공장소에서 기초 질서를 준수하는 시민 의식을 키워야 한다.

기부 문화의 확산도 필요하다. 가진 자와 대기업, 사용자들이 자발적인 기부에 적극적으로 나설 때 'One Korea'는 앞당겨질 수 있다. 기업과 개인은 자신이 벌어들인 이익의 일부를 기부하고 정부는 이에 대한 세제 혜택을 확대해야 한다. 개인이나 기업의 기부금 또는 정부의 보조금을 지원 받으면 그에 대해 진심으로 감사한 마음을 가지고 나중에 보답하겠다는 의지를 다지는 자세도 반드시 필요하다.

제1부

선진대국 시대

4.
선진대국 3대 비전

잘사는 나라, 행복한 국민, 강하고 안전한 국가,
이것이 국가 발전 전략의 3대 비전이다.
자유롭고 공정한 사회 속의 안정된 삶,
우리는 세계를 주도하는 나라여야 한다.

우리가 진정한 선진대국(Great Korea)으로 도약하기 위해서는 단순한 경제 성장을 넘어 국민이 행복하고, 세계 속에서 당당한 국가로 자리 잡아야 한다. 이를 위해 '잘사는 나라', '행복한 국민', '강하고 안전한 국가'라는 3대 비전을 중심으로 국가 발전 전략을 세워야 한다. 경제적으로 강한 나라가 되고, 국민이 자유롭고 공정한 사회에서 안정된 삶을 누리며, 국제 사회에서 당당한 대한민국으로 자리 잡을 때, 우리는 진정한 선진대국으로 도약할 수 있다. 이제 대한민국은 세계를 주도하는 나라로 나아가야 한다.

잘사는 나라

잘사는 나라는 단순히 경제적 부강만을 의미하지 않는다. 국민이 자유롭게 능력을 펼칠 수 있고, 활력이 넘치는 사회에서 창의와 혁신이 이어지며, 법과 원칙이 바로 서 있는 나라이다. 경제 성장과 함께 국민이 자유롭게 자신의 능력을 펼칠 수 있는 사회가 되어야 한다. 자유와 활력이 넘치는 나라를 만들기 위해서는 정치적으로 자유 민주주의를 확고히 유지하고, 경제적으로 자유 시장 경제를 강화하며, 개인이 무한 도전할 수 있는 환경을 조성해야 한다. 규제를 완화하고 기업이 자유롭게 창의와 혁신을 실현할 수 있도록 해야 한다.

• G7 선진국 진입

우리는 G7 선진국으로 도약해야 한다. 그러기 위해서는 잠재 성장률 3% 유지, 경제 성장 5개년 계획 추진, 국가 미래 전략 수립 및 집행 기능 강화라는 세 가지 핵심 전략이 필수적이다.

앞으로 우리 잠재 성장률은 1%대 중후반으로 하락하고, 제로 성장의 일본과 같은 디플레이션 경제로 진입할 것으로 전망된다. 이는 저출산 및 고령화, 노동 생산성 저하, 기술 혁신 둔화, 수도권 집중 등의 구조적 문제에서 기인한다. 선진국으로 도약하기 위해서는 여성과 고령층의 경제 참여를 촉진하고 인공지능(AI)과 디지털 경제를 기반으로 한 생산성 향상이 반드시 필요하다.

이를 위해 정부와 민간이 각각의 목표를 달성하고 또 공동 협력의 목표를 함께 달성하기 위한 '민관 경제 성장 5개년 계획'을 추진해야 한다. 과거 정부 주도의 경제개발 5개년 계획이 우리나라를 세계적인 제조업 강국으로 성장시킨 것처럼, '민간 주도 정부 협력'의 새로운 시대에 맞는 성장 전략이 필요하다.

현대경제연구원은 우리가 G7 강국으로 진입하기 위해서는 제조업 경쟁력을 유지하면서 서비스업 생산성을 대폭 향상시키고, AI 기반 사회로의 전환을 준비해야 한다고 강조하고 있다.

글로벌 컨설팅 기업 맥킨지는 2040년까지 우리나라가 G7에 진입하고 1인당 GDP 5만 달러를 달성하기 위해서는 경제 구조 개편과 신산업 구축, 대담한 정책 전환이 필수적이라고 지적한다.

이를 위해 정부는 경제 구조 혁신을 가속화하고, 기업과 연구기관이 협력하여 미래 산업을 선도할 수 있는 환경을 조성해야 한다. 인공지능과 과학기술을 결합하는 'AI+S&T 혁신 체계'를 갖추고 신약, 신소재, 초첨단超尖端 기술 개발과 상용화에 나서야 한다. 또한 반도체, 로봇, 조선, 방산, 원전 산업 등 첨단 제조업의 산업 경쟁력을 유지하기 위한 투자와 지원을 아끼지 말아야 한다. 또 친환경 산업 전환을 통해 지속 가능한 성장 모델을 구축해야 하며, 금융 규제 완화, '원화의 국제화' 정책과 '금융 허브 전략'으로 '코리아 디스카운트'를 극복해야 한다.

우리가 G7으로 진입하기 위해서는 경제 성장의 속도를 유지하면서도 지속 가능한 성장 기반을 구축해야 한다. 단순히 GDP를 높이는 것이 아니라, 산업 구조를 혁신하고, 글로벌 경제에서 우리의 역할을 확장하며, 미래 경제 환경 변화에 유연하게 대응할 수 있어야 한다. 우리가 강한 경제력과 체계적인 성장 전략을 바탕으로 세계 경제를 주도하는 국가로 도약할 때, 비로소 진정한 선진대국으로 자리 잡을 수 있을 것이다.

● 자유와 활력이 넘치는 파워풀 코리아

우리가 진정한 선진대국으로 도약하기 위해서는 자유와 활력이 보장되는 국가가 되어야 한다. 국민이 자유롭게 사고하고 행동할 수 있는 환경, 기업이 창의적으로 혁신할 수 있는 경제 구조, 사회 전반에 활력이 넘치는 역동적인 분위기가 조성될 때 우리는 세계를 선도하는 강한 나라가 될 수 있다. 정치·경제·개인의 자유가 보장되면서도, 동시에 활기찬 경제와 사회가 함께 움직일 때 대한민국은 진정한 '파워풀 코리아'로 자리 잡을 수 있다.

자유 – 자유 민주주의, 자유 시장 경제, 개인의 도전 정신

자유는 우리 사회가 유지해야 할 가장 중요한 가치이며, 이를 기반으로 국민과 국가가 함께 성장할 수 있다. 정치적으로는 자유 민주주의를 확고히 하고, 경제적으로는 자유 시장 경제를 보장하며, 개인이 무한 도전할 수 있는 환경을 조성해야 한다.

자유 민주주의는 우리가 지켜야 할 핵심 가치다. 정치적으로는 법치주의와 삼권분립을 확고히 하고, 표현의 자유와 언론의 독립성을 보장해야 한다. 개인의 자유를 억압하는 어떠한 형태의 권력 남용도 용납되어서는 안 된다.

역사는 경제적 자유가 있는 나라에서 지속적 번영이 가능하다는 것을 증명해 왔다. 2024년 노벨경제학상 수상자 다론 아제모을루, 사이먼 존슨, 제임스 로빈슨은 국가 번영에서 개인의 창의성을 보호하고 보상하는 제도의 중요성을 입증하였다. 그들은 저서인 『왜 국가는 실패하는가』와 『좁은 회랑』을 통해, 사회의 자유와 창의성을 보호하는 나라와 그렇지 못한 나라가 어

떻게 극명하게 다른 운명을 맞이하는지를 선명하게 보여준다. 우리와 북한이 그러한 대표적 예이다.

경제적으로는 자유 시장 경제 원칙을 지켜야 한다. 현행 헌법 119조에 명시된 자유와 창의의 가치를 존중하며, 정부가 과도하게 시장을 간섭하는 일이 없도록 해야 한다. 규제를 최소화하고 기업이 자율적으로 혁신할 수 있도록 환경을 조성해야 한다. 경제 주체가 자유롭게 활동할 때 경쟁력이 높아지고, 우리 경제는 더욱 강해질 것이다.

우리는 '87년 체제' 하에서 시장의 '자유와 창의'를 확대하기보다는 그 반대로 '경제민주화'의 이름 아래 간섭과 규제를 확대하는 방향을 선택하였다. 특히 소득 주도 성장과 분배 우선, 평등 중심 정책은 경제 전반과 노동, 부동산 시장의 과도한 규제를 만들어 냈다. 정부의 적극적 개입과 입법적 규제는 당연시되었다.

'경제민주화(Wirtschaftsdemokratie)'라는 개념은 1928년 독일 노동총연맹의 프리츠 나프탈리가 사용하면서 구체화한 것이다. 이는 칼 마르크스의 영향을 받아 탄생한 것으로 서구의 사회 민주주의에 뿌리를 두고 있다. 따라서 시장 경제의 엔진인 기업과 기업가에 대해 비우호적이며 규제를 통한 시장의 통제를 지향하는 개념이다. 그러나 이런 개념은 1987년 헌법 제정 당시의 흥분된 민주화 요구와 노동권 보장 열기에 휩쓸려 충분한 심사숙고 없이 도입되었다.

이제는 경제 주체들이 창의를 존중하고 자유롭게 활동할 수 있도록 하여 경제의 활력과 역동성을 높여야 한다. 경제의 희망을 복원하기 위해서는 헌법 개정 시 경제의 기본 원칙을 '자유와 창의'로 하여 더욱 강화해야 하며, '경제민주화' 조항은 극히 예외적으로 적용해야 한다. 제7공화국의 새 시대, 선진대국은 자유와 창의가 만개하고 규제와 개입이 최소화되는 명실상부한 자유 시장 경제를 만들어 나가야 한다.

활력 – 성장하는 경제, 역동적인 사회 분위기, 민간 주도의 혁신 문화

활력이 넘치는 국가는 국민과 기업이 함께 성장하며 역동적인 분위기가 형성되는 곳이다. 내수와 수출이 균형을 이루는 활기찬 경제를 조성해야 하며, 글로벌 시장에서도 경쟁력을 유지할 수 있도록 산업 전략을 체계적으로 수립해야 한다.

경제의 활력을 위해서는 "다시 일어서자"라는 역동적인 사회 분위기가 조성되어야 한다. 우리는 산업화와 민주화를 동시에 이루며 세계에서 유례없는 경제 성장을 이룩했다. 이제는 AI와 4차 산업혁명 시대를 맞이하여 새로운 혁신을 창출해야 하는 시점이다. 경제적 불확실성이 커지고 있지만, 국민과 기업이 다시 한번 도전 정신을 가지고 미래를 개척할 수 있도록 지원해야 한다.

특히 민간 주도의 창의와 혁신이 존중받는 문화가 정착될 때, 우리는 글로벌 무대에서 더욱 강력한 경제 경쟁력을 확보할 수 있다. 정부가 모든 것을 주도하는 것이 아니라, 민간이 주도하고 정부는 이를 지원하는 형태로 정책이 설계되어야 한다. 기업과 개인이 자유롭게 혁신할 수 있는 환경을 제공하고, 규제를 줄이며, 창업과 기업 활동을 활성화하는 것이 중요하다.

파워풀 코리아 – 소프트 파워의 확장

선진대국으로 도약하기 위해서는 강한 경제력과 군사력뿐만 아니라, 세계로 뻗어 나가는 소프트 파워(soft power)를 더욱 강화해야 한다. 강한 나라는 단순히 물리적 힘만으로 만들어지는 것이 아니라, 문화, 경제 협력, 가치관과 이념을 바탕으로 다른 나라를 설득하고 동의하게 만드는 힘을 가져야 한다. 우리는 이제 더 이상 좁은 국내 시장에 머물러 있을 수 없으며, 세계 질서를 주도하는 국가로 자리 잡아야 한다.

소프트 파워는 단순한 문화적 영향력을 넘어, 우리의 국가 브랜드와 국제적 위상을 결정짓는 요소다. 우리나라는 K-POP, K-드라마, K-푸드, K-방위 산업, K-테크 등의 다양한 분야에서 글로벌 인지도를 높이고 있다. BTS와 같은 글로벌 아티스트, 〈오징어 게임〉과 같은 문화 콘텐츠, 삼성과 현대 같은 글로벌 기업들이 대한민국의 위상을 높이고 있다. 이제 우리의 소프트 파워는 문화산업을 넘어 경제, 외교, 교육, 기술 분야까지 확장되어야 한다. 국제 사회에서 우리의 가치와 이념을 전파하며, 대한민국이 주도하는 글로벌 네트워크를 만들어야 한다.

우리가 선진대국으로 도약하기 위해서는 국민적 열망을 하나로 모아 강한 국가 브랜드를 형성하고, 이를 전 세계로 확산해야 한다. 과거 우리는 산업화와 민주화를 동시에 이뤄내며 세계적으로 유례없는 성공 모델을 만들어 냈다. 이제는 그 성공 경험을 바탕으로 대한민국만의 경제 발전 모델과 사회적 가치를 국제적으로 전파해야 한다. 이를 위해 경제 협력, 기술 공유, 교육 교류, 인프라 지원 등 다양한 형태의 글로벌 협력을 강화해야 한다. 특히, 개발 도상국에 대한 ODA(공적 개발 원조)를 확대하고, 대한민국이 성공한 산업 모델을 전수함으로써 글로벌 영향력을 높여야 한다.

소프트 파워의 핵심은 설득과 동의를 통해 다른 나라를 움직이는 힘이다. 강압적인 외교나 군사력에 의존하는 것이 아니라, 우리의 가치와 비전을 세계에 알리고, 자연스럽게 다른 국가들이 대한민국과 협력하고 따를 수 있도록 만드는 것이 중요하다. 우리가 국제적으로 존중받고 신뢰받는 국가가 되기 위해서는 투명한 정부, 공정한 사회, 창의적인 교육 시스템, 혁신적인 경제 구조 등 우리의 내적 경쟁력을 더욱 강화해야 한다.

이제 우리는 경제력을 바탕으로 가치와 문화, 경제와 외교를 통해 세계를 이끄는 강한 나라로 나아가야 한다. 우리가 보유한 소프트 파워를 세계로 확장하고, 글로벌 네트워크를 형성하며, 국제 사회에서 대한민국의 위상을 더욱 강화할 때, 대한민국은 명실상부한 선진대국이 될 수 있다. 파워풀 코리아는 경제적 성장뿐만 아니라, 세계가 존경하고 따르는 나라를 의미한다.

행복한 국민

2024년 세계 행복도 조사 보고서에 따르면 한국인의 삶의 만족도는 OECD 38개국 중 33위로 최하위권이다. 2023년 조사에 의하면 코로나가 진행되던 2022년보다도 삶의 만족도가 하락하고 있다. 10만 명당 자살률 또한 OECD 국가 중 1위라는 불명예는 물론이고, 대부분의 나라에서 감소하는 자살이 우리나라는 줄어들지 않고 있다. 이는 우리 사회가 희망의 고갈이라는 중병을 앓고 있다는 것을 시사한다. 국민이 행복한 선진대국은 거시 경제 지표상의 풍요로움만이 아니라 개인과 사회가 함께 성장하며 국민 모두가 기회를 가질 수 있는 나라에서 완성된다.

경제적 자유와 공정한 기회가 보장될 때 국민은 행복할 수 있으며, 우리는 더욱 역동적이고 지속 가능한 사회로 발전할 수 있다. '기업과 부자에게 자유를, 서민에게 기회를!', '청년에게 꿈을!'이라는 원칙은 경제적 성장과 사회적 정의가 조화를 이루는 대한민국을 만들기 위한 핵심 가치다.

● 부자에게 자유를!

왜 부자에게 자유를 주어야 하는가? 성공한 창업가와 능력 있는 인재들이 떠나는 나라는 쇠락하는 사회이고 그들이 몰려드는 나라는 미래가 밝은 나라다. 미국의 실리콘 밸리의 신화가 계속되는 배경에는 세계에서 가장 능력 있는 인재들이 모여드는 나라라는 점이다. 지금 테슬라, 스페이스X 등의 기업을 이끌고 있는 얼론 머스크는 남아공 출신의 이민자이고, 구글과 마이크로소프트를 이끌고 있는 CEO도 이민자들이다.

최근 발표된 헨리 & 파트너스의 2023년 〈초부자 이민 보고서〉에 따르면 한국은 부유층이 다른 나라로 이민을 많이 떠나는 일곱 번째 국가다. 우리 앞에는 시진핑 이후 흔들리고 있는 중국과 홍콩, 전쟁 중인 러시아, 가난한 나라 인도, 경제 침체에서 헤어나지 못하는 영국, 브라질 등이 있다. 반면에 부자들이 몰려오는 나라는 호주, UAE, 싱가포르, 미국, 스위스 등으로 모두 부자들을 환영하고 대접하는 곳이다.

최근 중국의 인공지능 딥시크(DeepSeek)는 전 세계적인 충격을 주고 있다. 인공지능과 함께 미래 산업으로 주목받는 양자 컴퓨터에서도 미국과 함께 중국은 선두 다툼을 하고 있다. 반도체마저 중국의 추월이 목전에 다다랐다는 전망이 줄을 잇고 있다. 한국은 이러한 첨단 산업에서 크게 뒤지고 있는 것으로 알려지면서 우려를 자아낸다. 그 이면에는 우수한 과학기술 인력들이 한국을 등지고 있기 때문이다. 지금 전 세계는 AI 경제를 예상한 인재 쟁탈전을 벌이고 있다. 하지만 우리 기업이나 대학은 이러한 인재들의 영입에 실패하고 있다.

부자와 능력 있는 인재들이 우리나라를 외면하는 이유는 부자들에게 자유를 주지 않기 때문이다. 부에 대한 잘못된 인식과 평등주의는 돈벌이의 자유와 자신이 번 돈을 마음껏 쓸 수 있는 자유를 주지 않는다. 또 성과에 따른 보상이 충분히 제공되지 않고 있고 이를 위한 개혁에 실패하고 있기 때문이다. 경쟁과 혁신 분야에서 성과와 능력에 따른 보상이 제대로 주어지지 않으면서 면허 제도로 보호받는 의료계나 공공부문으로 인재들이 집중되는 '인적자원의 배분 실패'가 이어지고 있다.

● 서민에게 기회를!

공정한 경쟁과 기회의 평등이 보장될 때 우리나라는 더욱 강한 나라로 도약할 수 있다. 공정이란 단순한 산술적 평등이 아니라, 더 열심히 노력하고 더 큰 성취를 이루는 사람이 더 많은 것을 가져갈 수 있는 구조를 의미한다.

그러나 최근 사회에서는 남이 잘되는 것을 시기하고, 모두가 동일한 결과를 가져가야 한다는 하향 평준화 논리가 만연해 있다. 이러한 구조는 국가 발전을 저해할 뿐만 아니라, 개인의 성취욕을 낮추고 도전 정신을 약화시킨다. 진정한 선진국으로 나아가기 위해서는 공정한 경쟁을 촉진하고, 국민이 스스로 성장할 수 있는 기회를 제공하는 시스템을 구축해야 한다.

공정한 사회란 단순히 기회의 균등을 말하는 것이 아니라, 반칙과 편법을 철저히 배제하고, 정당한 경쟁을 통해 능력 있는 사람이 더 나은 보상을 받을 수 있도록 하는 사회다. 열심히 일하는 사람의 발목을 잡는 불필요한 규제와 불공정한 관행은 반드시 철폐해야 하며, 편법과 부정을 저지르는 자들에 대해서는 강력한 법적 조치를 취해야 한다.

진정한 복지는 단순한 현금 지원이 아니라, 국민이 다시 일어설 수 있도록 돕는 것이다. 무분별한 퍼 주기식 복지는 국민의 근로 의욕을 떨어뜨리고, 지속 가능한 경제 성장을 저해할 뿐이다. 따라서 '서민 기회 복지'와 '일자리 복지'를 중심으로 복지 시스템을 개편해야 한다. 서민에게 실질적인 경제적 자립 기회를 제공하고, 정부 지원이 단순한 금전적 보조가 아니라 '새로운 기회를 제공하는 역할'을 하도록 해야 한다.

정말 어려운 서민들에게 지금보다 두 배의 지원을 제공하는 것은 단순한 복지 확대가 아니라, 경제적 자립을 위한 투자다. 부자들에게는 경제적 자유를 보장하여 더욱 활발한 경제 활동을 하도록 하고, 서민에게는 더 나은 일자리와 교육 기회를 제공하여 스스로 성장할 수 있는 환경을 조성해야 한다.

우리 선조들은 자신의 배를 곯아가며 죽을 힘을 다해 자식들을 공부시켰고 한 푼이라도 더 모아 물려주려고 애를 썼다. 우리도 국가 부채를 미래 세대에 떠넘기지 않고, 오히려 더 많은 자산을 물려주고, 더 큰 성취를 위한 수단과 기회를 가질 수 있는 그런 나라를 만들어야 한다.

계층 상승을 위한 기회의 사다리가 복원되어야 우리 사회가 지속적으로 성장할 수 있다. 지금 우리 사회는 기회가 점점 줄어들고, 계층 이동이 어려워지고 있다. 특히 젊은 층과 기성세대 간의 갈등은 곪아가고 있다. 누구나 노력하면 성공할 수 있는 환경을 조성하는 것이 기성세대와 국가의 중요한 역할이다.

첫째, 열심히 노력하면 더 잘살 수 있는 기회를 보장해야 한다.
주택을 마련하고 자산을 형성할 수 있도록 주택 저축 지원을 확대하고, 금융 혜택을 강화해야 한다. 청년층과 서민들이 주거 안정을 통해 미래를 설계할 수 있도록 돕는 것이 중요하다.

둘째, 공정한 경쟁을 통해 더 높은 계층으로 이동할 수 있도록 해야 한다.
대학 입시, 공무원 시험, 취업 과정 등에서의 공정성을 철저히 확보하여, 기득권층의 불공정한 특혜를 차단해야 한다. 시험과 경쟁의 공정성이 보장될 때 국민은 노력할 동기를 가질 수 있다.

셋째, 실패해도 다시 일어설 수 있는 기회를 제공해야 한다.
창업 실패자들이 재도전할 수 있도록 파산 면책을 확대하고, 금융 지원 및 정책적 지원을 강화해야 한다. 한 번의 실패로 인해 모든 것이 끝나는 것이 아니라, 도전과 재도전을 장려하는 환경을 만들어야 한다.

우리나라가 진정한 선진대국이 되기 위해서는 기회의 사다리가 복원되고, 공정한 경쟁이 보장되며, 국민이 미래를 꿈꿀 수 있는 사회를 만들어야 한다. 기회가 넘치는 나라야말로 진정한 자유와 공정이 실현되는 선진대국의 모습이다.

● **청년에게 꿈을!**

국민이 희망을 갖는 행복한 나라는 가난이 대물림되지 않고 누구나 사회적 성공의 기회가 주어지는 나라다. 그것은 노력과 능력에 따라 계층 상승의 기회가 존재하는 사회다. 특히 미래 세대인 청년들이 더 행복하고 더 나은 내일이 올 것이라는 꿈과 희망을 가질 수 있도록 해야 한다. 우리는 자녀들이 나보다 더 잘 살고 행복한 삶을 누리길 바란다. 미래 세대에게 '선진국에서 태어나 중진국에서 살아갈 수도 있다'는 우려와 불안감을 느끼게 해서는 안 되는 것이다.

청년들이 결혼과 출산을 기피하는 것은 미래에 대한 불안 때문이다. 그 불안에는 저출산 및 고령화로 인해 노년 세대의 복지 비용을 자신들이 부담할지 모른다는 국가 재정, 특히 복지 재정의 지속 가능성에 대한 비관적 전망이 자리잡고 있다. 경제 성장과 생산성 향상이 없는 복지는 결국 미래 세대의 기회를 박탈하는 일종의 '폰지 사기'에 지나지 않는다.

우리 청년 세대가 감당해야 할 국가 채무는 증가하고 있으며, 2023년 우리의 국가 부채는 1,300조 원을 넘어섰다. 이는 국민 1인당 약 2,500만 원의 부채 부담을 의미한다. 재정 확대와 통화 팽창은 인플레이션을 유발하므로 경제에 큰 고통을 유발한다. 따라서 일시적 현금 살포는 어떤 경제에도 지속 가능하지 않다. 1950년대 1인당 국민 소득이 세계에서 미국, 스위스, 뉴질랜드 다음으로 네 번째로 높았던 베네수엘라는 지금 빈곤율이 94.5%, 극빈층 인구 비율이 76.6%의 극빈국으로 전락했다.

청년이 절망하는 사회는 행복한 나라가 될 수 없다. 경제적 기회가 줄어들고 복지 부담을 다음 세대로 전가해서는 안 된다. 이는 계층의 사다리를 없애고 세대 간 갈등으로 사회가 분열되는 문제를 가져온다. 청년들이 꿈과 희망을 잃어버리게 만든다. 절망의 세대로 좌절하게 만든다. 초식계로 일컬어지는 일본의 청년 세대, 미국의 저숙련 백인들의 절망과 죽음을 먼 나라의 일로 여겨서는 안 된다.

지금 개혁하고 변화하지 않는다면, 우리도 이를 피할 수 없다. 고령화와 저출산 그리고 낮은 생산성의 경제 구조, 악화되고 있는 세계 무역 질서를 고려하면 절망의 시대는 생각보다 빨리 도래할 수 있다. 청년들에게 더 나은 삶에 대한 기대와 경제적 희망을 가지고 출발하도록 격려하고 지원하는 적극적인 정책이 필요하다.

청년층과 미래 세대에 부담이 전가되는 것을 막기 위해 연금을 개혁하고 은퇴 연령을 조정해야 한다. 여유로운 조부모 세대가 자식 또는 손자 세대에게 일찍 상속과 증여를 할 수 있는 상속세 증여세 개혁을 추진한다.

소득 수준에 비해 턱없이 높은 대도시의 부동산 부담과 자녀의 교육비 등은 결혼과 출산의 기피 현상의 원인으로 작동하고 있다. 공공 주택 청약에서도 신혼부부와 다자녀 가족을 위한 특별 공급을 크게 늘려 우대해야 한다. 소득 수준에 따라 대학생 등록금을 차등화하고 저소득층에 대한 장학금을 늘려야 한다. 창업을 지원하고 글로벌 직업 훈련 기관을 도입하여 직업 교육을 확대해야 한다. 이스라엘의 정보 부대는 나스닥 상장의 스타트업 창업자를 줄줄이 배출하는 것으로 유명하다. 군 복무 기간이 새로운 기술의 접근과 창업의 준비 기간이 될 수 있도록 군의 운영을 혁신한다.

- **차별 금지가 아닌 격차 해소**

우리가 선진대국으로 도약하기 위해서는 산술적 평등이 아닌 격차 해소의 관점에서 사회적 문제를 접근해야 한다. 장애인, 노령층, 일부 여성 등 사회적 약자들이 겪는 모든 격차 해소는 단순한 사회적 책임을 넘어 국가의 필수적인 의무로 인식되어야 한다. 이러한 격차는 개인의 삶의 질에 직접적인 영향을 미치며, 사회 전체의 안정성과 발전에도 중대한 영향을 미친다. 정부는 이러한 격차를 해소하기 위한 정책을 수립하고 실행해야 한다. 이는 교육, 취업, 건강 관리, 사회 참여 등 다양한 분야에서의 평등한 기회를 보장하는 것을 포함한다.

아울러 지켜야 할 윤리와 가치를 적극적으로 옹호하는 노력이 필요하다. 윤리와 가치는 사회의 기본적인 틀을 구성하며, 모든 개인이 존중받고 공정한 대우를 받을 수 있는 환경을 조성하는 데 기여하기 때문이다.

일부에서 주장하는 차별 금지는 모든 가치를 동등하게 상정하고 그 틀 속에서 약자를 옹호하는 것이다. 그러나 이는 기본 전제부터 잘못이 있다. 인류 보편적, 천부 인권적 가치들이 있지만, 역사나 문화, 도덕, 생활 양식, 시대에 따른 차이는 존재할 수밖에 없다. 이런 차이를 무시하고 모두를 옹호할 수는 없는 것이다. 이는 공정하지도 올바르지도 않다. 우리는 존중하고 확산해야 할 가치에 대해서는 옹호하고 그 속에 존재하는 격차를 줄여나가는 노력을 전개해야 한다.

● 격차 해소를 위한 가정과 공동체의 역할

격차 해소는 정부 정책만으로 이루어질 수 없으며, 가정과 공동체의 역할도 매우 중요하다. 나는 오래전부터 이를 페미니즘

(feminism)에 맞서는 개념으로 '패밀리즘'(familism)이라 불러 왔다. 패밀리즘은 농경시대의 전통적인 가부장적 위계로 돌아가자는 것이 아니라 현대적 의미의 자율적인 개인 사이의 연합으로 이해해야 한다.

먼저 가정의 중요성을 다시 회복하는 것이 선진대국의 필수 요건이다. 우리 사회는 최근 들어 물질적 풍요를 우선 가치로 여기고, 가족의 중요성을 점점 소홀히 하는 경향이 있다. 반면 대부분의 선진국은 일정 소득 수준을 넘어가면 가족과 공동체의 가치를 더욱 중시하는 탈물질주의적 경향을 보인다.

패밀리즘(familism)은 '건강한 가정이 사회적 문제의 해답이다'라는 원칙을 기반으로 한다. 저출산, 낙태, 이혼, 성범죄, 동성애, 마약 등의 사회적 문제 해결의 출발점은 결국 건강한 가정에 있다. 건강한 가정이 존재해야, 사회 안정과 지속 가능한 미래가 가능하다. 가정이 약화 될수록 사회적 불안 요소는 증가하며, 국민의 삶의 질 또한 저하될 수밖에 없다.

또한 이웃 사회와 공동체의 역할도 강조되어야 한다. 한 자녀가 대세를 이루고, 개인주의가 지나치게 확산되면서 공동체 의식이 약화되고 있다. 학교 교육을 정상화하여 도덕성 함양은 물론 공동체 교육, 자유의 가치, 사회 기본 질서, 이웃에 대한 배려와 협동심을 강조하는 교육이 필요하다.

저출산 및 고령화, 물질주의 등의 폐해를 극복하기 위해서는 이웃 사회 커뮤니티의 역할을 확대하고, 공동체 정신을 강화하는 것이 필요하다. 지역 커뮤니티 활성화를 위해 지방자치단체와 협력하여 지역 주민들이 자발적으로 참여할 수 있는 커뮤니티 프로그램을 운영해야 한다. 독거노인 돌봄 서비스, 공동 육아 지원, 마을 경제 활성화 프로젝트 등을 적극적으로 추진해야 한다. 세대 간 연대 강화를 위해서는 청년층과 노년층이 서로 소통하고 도움을 주고받을 수 있는 환경을 조성해야 한다. 예를 들어 일본의 일부 지방자치단체에서는 청년층이 노인과 함께 생활하며 돌봄 서비스를 제공하는 프로그램을 운영하고 있으며, 우리도 이와 같은 세대 간 협력 모델을 도입할 필요가 있다.

이러한 사회적 기반이 갖춰질 때, 우리는 단순한 경제 성장뿐만 아니라, 사회적 신뢰와 결속력을 바탕으로 한 진정한 선진 대국으로 거듭날 것이다.

● 학교 교육의 정상화 – 공화주의 가치 확립

학교 교육은 단순한 지식 습득을 넘어, 자유의 가치, 기본 질서, 이웃에 대한 관심과 배려, 협동심 등 공화共和의 가치를 가르쳐야 한다. 선진국에서는 공교육을 통해 학생들에게 책임감 있는 시민의식을 함양하고, 사회적 연대와 협력의 중요성을 가르친다.

그러나 우리 교육 시스템은 지나치게 입시 중심으로 운영되면서 공동체 의식 함양 교육이 부족한 상황이다. 학생들이 개인의 자유를 존중하면서도, 타인의 권리를 침해하지 않는 균형 잡힌 가치관을 가질 수 있도록 교육해야 한다. 또한 공공장소에서의 예절, 준법정신, 공동체 생활의 기본 원칙 등을 체계적으로 가르쳐 사회적 책임감을 강화해야 한다.

협동심과 배려에 관한 교육도 반드시 필요하다. 경쟁 위주의 교육 시스템에서 벗어나 협력과 공존의 가치를 강조하는 프로그램을 마련해야 하며, 유럽 주요 국가들이 초중등 과정에서 의사소통 능력과 협력 프로젝트 수행을 필수 과정으로 포함하는 것처럼 우리도 이와 같은 방향으로 교육 정책을 개편해야 한다.

강하고 안전한 국가

● 강한 힘으로 지키는 든든하고 안전한 나라

경제가 먹고사는 문제라면 안보는 죽고 사는 문제다. 안보가 흔들리면 성장도 안녕도 없다. 우리가 선진대국으로 자리 잡기 위해서는 경제적 번영뿐만 아니라 강력한 국가 안보와 국민 안전 보장이 필수적이다. 국방력 강화와 재난 대응 체계 확립은 국가의 존속과 국민의 안위를 지키는 핵심 요소다. 강한 군사력과 균형 잡힌 핵 억제력을 통해 국가 안보를 확보하고, 자연재해와 사회적 위협으로부터 국민을 보호하는 재난 대응 체계를 구축하는 것이 중요하다.

우리는 지정학적으로 북한의 지속적인 핵 위협과 중국·러시아와의 복잡한 외교 관계 속에서 강력한 군사력을 유지해야 하는 환경에 놓여 있다. 세계 각국이 군사력 증강에 나서는 가운데, 한국 역시 첨단 전력 강화와 국방 개혁을 통해 선진 강군으로 도약해야 한다. 이를 위해 킬체인(kill chain), 한국형 미사일 방어(KAMD), 대량 응징 보복(KMPR)의 '한국형 3축 체계'를 강화하고 북한의 핵과 미사일 위협에 대비해야 한다. 해병특수군과 국군우주사령부를 신설해 5군 체제로 전환해야 한다.

북한 핵 위협은 감출 수도, 눈 감을 수도 없는 상황까지 다가왔다. 핵은 핵으로만 막을 수 있다. 북핵은 이제 상수가 되었으며 우리가 북핵 억제력을 갖추어야 함은 두말할 필요가 없다.

한미 핵 공유 체제 도입, 전술핵 재배치 검토, 자체 핵 개발 가능성을 확보하는 등의 전략적 결단과 조치가 요구된다. 한국형 아이언돔, 원자력 추진 잠수함, 중거리 탄도 미사일(IRBM), 군사 위성 등의 전력 증강을 통해 미래 전장 환경에 대응할 수 있는 능력을 갖춰야 한다. 또한 방위 산업을 글로벌 전략 산업으로 육성하여 세계적인 방위 산업 강국으로 성장하는 것 역시 중요한 목표다.

● 재난과 재해로부터 국민 안심

국가의 역할은 국민의 생명과 재산을 보호하는 것이다. 기후 변화와 자연재해, 대규모 사고 등의 위협이 증가하고 있다. 우리의 재난 대응 시스템도 선진화해야 한다. 이를 위해 AI와 빅데이터, 디지털 트윈을 활용한 실시간 재난 감지 시스템을 구축하고 조기 경보 시스템을 강화해야 한다.

기후 변화로 인해 태풍, 홍수, 산불 등의 재난 위험이 크게 증가하고 있다. 최근 10년간 기후 관련 재난 피해액은 연평균 5조 원을 넘어섰다. 이에 대한 적극적인 대비가 필요하다. 또한 2022년 이태원 참사와 같은 사회적 재난을 방지하기 위해 군중 밀집 지역 관리 시스템을 강화하고, 긴급 대응 체계를 철저히 정비해야 한다.

국민 안전을 위한 법과 제도를 개선하여 재난 예방을 위한 건축 기준을 강화하고, 공공시설 안전 점검을 의무화해야 한다. 이를 통해 사회적 안전망을 더욱 촘촘히 구축해야 하며, 민관 협력 체계를 구축하여 대형 재난이 발생했을 때 신속한 대응이 가능하도록 정부와 민간이 협력하는 구조를 마련해야 한다.

● 강고한 동맹과 미래 지향의 외교 관계

한미 동맹의 고도화 – '한미 핵 동맹'으로 발전

우리 외교 전략에서 가장 중요한 축은 한미 동맹의 강화와 한·미·일 협력 확대이다. 한미 동맹은 우리의 안보와 경제, 외교 전반에 걸쳐 핵심적인 역할을 수행해 왔으며, 향후 더욱 공고한 협력 체계로 발전해야 한다. 특히, 북한의 지속적인 핵 개발과 미사일 위협이 고조되는 상황에서 자주국방 역량과 한미 간의 핵 협력 강화를 통해 '한미 핵 동맹'으로 발전할 필요가 있다.

미국은 한국에 대한 확장 억제(extended deterrence)를 보장하고 있으며, 우리는 이를 더욱 실질적으로 강화하기 위해 한미 핵 공유 협정 추진, 전략 자산의 한반도 상시 배치, 전술핵 재배치 검토 등의 조치를 병행해야 한다.

NATO의 핵 공유 체제를 참고하여 대한민국이 핵무기 운용과 관련된 결정 과정에 실질적으로 참여할 수 있도록 해야 하며, 미국과의 공조를 통해 핵 위협에 대한 즉각적인 대응 능력을 강화하는 것이 중요하다.

또한 트럼프 정부는 북한과의 직접 대화를 통해 한반도 현상 변경을 추진할 가능성이 있다. 미국과 북한 간 스몰딜(small deal)을 통해 북한의 ICBM과 핵 감축의 대가로 체제 보장과 경제 지원 등이 협상의 테이블에서 논의될 수 있다. 이런 한반도 문제에서 당사자인 우리가 소외되어서는 안 된다. 북핵 인정은 남북 간 핵 균형이 이루어진다는 전제하에서나 논의될 수 있는 것이다. 북핵 문제를 푸는 데 있어 미국 단독보다는 한미 긴밀한 협력과 공조가 훨씬 더 효과적인 방책이라는 것을 미국에 인식시키는 노력이 절실하다.

한미 동맹의 강화는 단순한 군사적 협력을 넘어, 경제·기술 동맹으로 확장되어야 한다. 미국은 최근 '인도 · 태평양 경제 프레임워크(IPEF)'를 통해 동아시아 지역에서의 경제 협력을 강화하고 있으며, 우리도 이에 적극적으로 참여하여 반도체, 배터리, 인공지능, 양자 기술 등 첨단 산업 분야에서 한미 협력을 확대해야 한다. 또 한미 간 공급망 안정성을 확보하고, 글로벌 기술 패권 경쟁에서 전략적 협력 관계를 더욱 공고히 해야 한다.

한·미·일 및 아태 협력 확대

우리는 한반도 평화와 안정, 그리고 글로벌 외교에서의 영향력 강화를 위해 한 · 미 · 일 삼각 협력을 더욱 확대해야 한다. 북한의 핵미사일 위협과 중국의 해양 팽창, 러시아의 동북아 전략 변화 등 복잡한 안보 환경 속에서 우리 외교 전략은 보다 다층적인 동맹과 협력을 필요로 한다.

한일 관계는 미래를 향해 열려 있어야만 한다. 한 · 미 · 일 협력은 경제 · 안보 · 기술 협력을 포함하는 포괄적 협력 관계로 발전해야 한다. 군사 정보 공유 강화, 경제 안보 협력 체계 구축, 첨단 기술 공동 개발 등의 협력과 북한 도발에 대응하는 한 · 미 · 일 연합 군사 훈련 정례화, 미사일 방어 체계 통합 운영, 대북 정보 공유 강화 등의 조치를 적극 추진해야 한다.

또한 우리는 아태 지역에서의 외교적 영향력을 확대하고, 인도 · 태평양 지역의 평화와 번영을 위한 다자간 협력 체계에 적극 참여해야 한다. 이를 위해 아세안(ASEAN), 쿼드(Quad: 미국·일본·호주·인도), 인도·태평양 경제 프레임워크(IPEF) 등과 협력을 강화해 나가야 할 것이다. 또 세계 자유 무역과 민주주의를 위해 아태 및 EU 등과 긴밀히 협력해 나가야 한다.

유럽연합(EU)의 성공은 역내 경제 통합과 문화통합, 군사 협력이 크게 진전되는 지역통합에 있다. EU 모델을 활용하여 '원 아시아(One Asia)'를 위한 K-외교의 구현을 목표로 한 '아시아연합(Asian Union)'의 창설을 구상해 보아야 한다. 특히 선진대국 시대에는 아시아 공동체와 더 나아가 아태 공동체로의 지역 통합을 주도해 나가야 한다. 아태 공동체는 북한 붕괴 시 우리가 중국이나 러시아, 일본 등 주변국들의 방해를 받지 않고 자유 민주주의와 시장 경제로의 한반도 평화 통일을 이루는 데 기여할 것이다.

우리는 한미 핵 협력 강화, 자유주의 국가들과의 협력을 통한 중국과 러시아의 군사적 패권 저지, 아시아 공동체 주도 등으로 중국의 패권화를 막고 아시아를 평화와 번영의 공동체로 발전시켜 나간다는 비전을 제시해야 한다.

● 국제 현안에 대한 더 많은 책임과 기여

자유 무역, 환경, 원전(SMR), 에너지, 신기술 협력 강화

우리는 국제 사회로부터 많은 도움을 받았다. 이제 선진대국으로 도약하기 위해서는 자유 무역 체제 강화, 글로벌 환경 문제 해결, 첨단 에너지 기술 개발, 신기술 협력 확대 등의 국제적 기여를 적극 확대해야 한다. 경제적으로 개방된 국가는 지속적인 성장을 보장받을 수 있으며, 글로벌 무대에서 책임 있는 역할을 수행할 때 국제 사회에서의 위상도 높아질 수 있다.

자유 무역의 중요성은 우리 경제 발전 과정에서 이미 입증되었고, 세계 국민의 복리와 안정을 가져오는 기본 토대이다. 미국의 보호 무역, 미국과 중국의 패권 경쟁이 격화되는 상황에서 우리는 WTO(세계무역기구), CPTPP(포괄적·점진적 환태평양경제동반자협정) 등의 다자 무역 협정에 적극 참여해야 한다. 특히 미국 주도의 인도·태평양 경제 프레임워크(IPEF)와 유럽연합(EU)과의 경제 협력을 확대하여 글로벌 자유 무역 체제를 유지하면서도 우리의 경제적 이익을 극대화해야 한다.

환경 문제는 이제 국가 경쟁력을 결정하는 주요 요소가 되고 있다. 대한민국은 '2050 탄소 중립 목표(Net Zero)'를 선언한 바 있으며, 수소 경제, 탄소 포집 저장 기술(CCUS), 친환경 모빌리티 개발 등에 대한 글로벌 협력을 확대해야 한다. EU의 탄소국경조정제도(CBAM) 도입에 대비하여, 국내 산업의 저탄소 전환을 촉진하고 글로벌 기후 변화 대응에 적극적으로 동참해야 한다. 또한 ESG(환경·사회·지배 구조) 경영이 필수 요소로 자리 잡은 만큼, 우리 기업들이 친환경 경영을 강화하고 국제적으로 경쟁력을 유지할 수 있도록 정부 차원의 지원이 필요하다.

에너지 분야에서는 원자력과 신재생 에너지 기술 협력이 중요해지고 있다. 대한민국은 세계 최고 수준의 원자력 기술력을 보유하고 있으며, 차세대 소형모듈원자로(SMR) 개발을 통해 글로벌 원전 시장을 선도해야 한다. 미국, 캐나다, 영국 등 주요 국가들이 SMR 기술 개발과 상업화를 적극 추진하고 있는 만큼, 우리도 원전 산업을 미래성장 동력으로 육성하여 글로벌 시장에서 경쟁력을 갖춰야 한다. 특히 'RE100'에서 'CF100'으로의 대전환을 주도해야 한다.

원자력 발전은 기저 발전과 탄소 중립이 모두 가능한 무탄소 에너지이다. 원전을 중심으로 100% 에너지 자립을 이루자는 것이 CF100이다. 원전 대국인 우리는 세계 각국이 참여하는 'CF100 글로벌 라운드'를 구축하고 국제적 규범으로 확장해 나가야 한다.

신기술 협력 강화도 필수적이다. AI, 반도체, 양자 컴퓨팅, 바이오테크, 우주 산업 등의 신기술 분야에서 글로벌 협력을 확대하고, 우리가 첨단 기술 경쟁에서 뒤처지지 않도록 전략적인 투자와 연구개발 지원이 이루어져야 한다.

글로벌 협력과 대외 지원

우리는 과거 원조를 받던 나라에서 이제는 원조를 제공하는 국가로 변모했다. OECD 개발원조위원회(DAC) 가입국으로서 국제 사회의 빈곤 퇴치와 개발 도상국 지원을 위한 ODA(공적개발 원조)를 확대해야 한다. 현재 우리 GNI(국민 총소득) 대비

ODA 규모는 OECD 평균의 절반 조금 넘는 수준이다. 이를 더욱 확대하여, 국제 사회에서 책임 있는 역할을 수행해야 한다.

국방 협력도 더욱 강화해야 한다. 우리 국력과 군사력에 걸맞게 국제적 협력과 기여, 국제 평화유지 활동(PKO)을 확대해야 한다. 우리의 방위 산업(K-방산)은 세계적으로 인정받고 있으며, K2 전차, FA-50 전투기, K9 자주포 등의 무기 수출이 급증하고 있다. 폴란드, 호주 등 주요국과의 방위 산업 및 군사 협력을 강화해 나가야 한다.

우리 문화를 세계에 알리는 일은 대단히 중요하다. 새마을운동, 태권도 등은 우리의 성공적인 개발 경험과 한국인의 '하면 된다' 정신을 개발 도상국과 공유할 수 있는 중요한 자산이다. 앞으로 한글학당, K-콘텐츠 사업을 통해 한류를 확산하고 우리 문화의 세계 보급을 통해 문화 선진국으로 도약해야 한다.

제2부

기업에게 자유를!
서민에게 기회를!
청년에게 꿈을!

> 제7공화국은 국가 목표와 국민 의지를 분명히 제시하고, 선진대국으로서 세계 질서에 주도적으로 기여해야 합니다.

제2부

**기업에게 자유를! 서민에게 기회를!
청년에게 꿈을!**

1.
"각자에게 그의 것을!"

2030년 선진대국 원년을 위해
새 정부는 그 토대를 만들어야 한다.
지난 시대의 문은 닫고 새로운 나라,
새로운 체제를 만들어야 한다.

체제 개혁 – 다시 청와대로

우리는 지금 제6공화국을 넘어 제7공화국을 열어야 한다. 이는 명실상부한 선진대국 시대의 도래를 의미한다. 2030년을 선진대국 원년으로 선포하기 위해 새 정부는 그 토대를 만들어야 한다. 이는 단순한 정치적 선언이 아니다. 지난 시대의 문은 닫고 새로운 나라, 새로운 체제를 만들어야 한다.

• 청와대 복귀

청와대는 대통령의 권위와 권능을 나타내는 상징적 공간이다. 그러나 용산 대통령실은 '불통'과 '주술'로 인식되어 버렸다. 청와대로의 복귀는 용산 시대의 청산을 의미하고 비정상을 정상으로 되돌리는 것이다. 또 대통령의 권위와 권능 그리고 국격을 회복하는 것이다.

• 대통령의 인사권 명확화

정치 복원을 위한 대통령과 정치권의 의지가 중요하다. 또한 정쟁과 진영 대결의 가능성을 줄이는 시스템 개혁이 필요하다. 우선 대통령이 임명권을 행사하는 직위와 임기를 명확하게 해야 한다. 대통령이 사실상 승인 및 임명권이 있는 자리들에 대한 인사권을 행사할 때 정쟁이 반복적으로 유발된다. 낙하산 인사나 이전 정권에서 임명된 인사를 교체하는데 편법적인 수단을 동원하여 논란이 반복된다.

미국처럼 대통령이 인사권을 행사하는 자리에 대한 임기를 분명히 하는 법률 제정이 필요하다. 정권이 바뀌어도 이전 정권에서 임명된 인사들을 교체하기 위해 편법적인 수단이나 권력 남용을 없앨 수 있다.

또 명확한 근거 없이 국민 기업이나 관변 단체의 인사권을 행사하는 편법은 중단되어야 한다. 정권 교체 때마다 정쟁의 대상이 되는 공영 방송의 경우 방송 민영화를 통해 인사권 개입을 최소화해야 한다. 국가 기간 방송, 교육과 해외 국가 홍보를 위한 최소한의 방송 기능만을 정부가 운영하고 나머지는 민영화하여 시장의 선택으로 넘겨야 한다.

인사 청문 제도의 개선도 필요하다. 현재 장관급 인사 청문회는 과도한 '인격 살인'과 정쟁으로 인해 대통령의 인사권을 크게 제약하고 정치 분열과 정부 불신을 확산하고 있다. 도덕 검증은 비공개로 하는 제도 개선을 추진한다.

대구광역시 '임기 일치 조례' 제정, 행정 효율성 강화

2022년 7월, 대구광역시는 '임기 일치 조례'를 전국 최초로 제정하여, 단체장과 정무직 인사의 임기를 일치시키는 새로운 기준을 마련했다. 이에 따라 정무·정책 보좌 공무원의 임기는 후임 시장 임기 개시 전 종료된다. 출자·출연기관의 장 및 임원도 기본 임기는 2년이지만, 새로운 시장이 선출될 경우 자동 종료된다. 이 조례는 기존 '알박기 인사'로 인해 발생했던 폐해를 근본적으로 차단하고, 행정의 연속성과 효율성을 극대화하는 데 기여할 것이다.

● 청와대

청와대는 행정부의 중추 지원 기관으로 대통령에 대한 효율적 보좌가 최우선이다. 새로운 청와대는 단순한 보좌 지원 조직이 아니라, 대통령의 정책 의지를 집행하고 국정을 원활하게 운영하는 중심축 역할을 해야 한다. 이를 위해 각 수석실은 신속한 정책 결정을 지원하고, 각 책임 부처와의 긴밀한 협의를 통해 정부의 통합성과 일관성을 강화하는 방향으로 운영되어야 한다.

대통령이 강력한 리더십을 발휘할 수 있도록 비서실장, 정책실장, 외교안보실장의 3실장 체제를 채택하여 내각과의 소통을 원활하게 해야 한다.

또 행정수석을 따로 두어 지방 자치와 지방 분권, 균형 발전을 담당하게 한다. 대통령의 지자체 협력을 보좌하고 지방과 청와대의 유기적 연결을 맡는다.

국회 및 정당과의 협력 강화를 위해 정무장관을 신설하여 '상생 정치'와 '정치 복원'을 이루어 내야 한다. 당·정·청 협력을 강화하며 야당과의 긴밀한 신뢰를 기반으로 초당적 협력을 이끌도록 한다. 이를 통해 국회에서 관련 법률과 예산안이 원활히 통과될 수 있도록 조율하고 정책 추진 과정의 정치적 갈등을 최소화해야 한다.

현재 여소야대 상황에서 국회와의 원활한 소통과 정책 협의는 무엇보다 중요하다. 여야 간 정치적 협력을 강화함으로써 민생 정치를 실현하고 국정 운영의 안정성을 확보하는 데 도움을 줄 것이다.

- **특별감찰관**

고위공직자범죄수사처는 폐지하고 특별감찰관 제도를 살려 입법 취지에 맞게 운용되어야 한다. 특별감찰관제는 대통령의 친인척 및 측근의 권력형 비리를 사전에 예방할 목적으로 도입한 제도이나 실제 운용되지 않았다. 제도 도입 이후 탄핵 사태까지 일련의 과정을 보면 대통령 친인척과 측근 관리가 더욱 엄격하고 철저해야 함을 거듭 확인한다. 특별감찰관의 독립성 확보를 위해 국회에서 여야 합의로 선출하고 대통령이 임명하도록 해야 한다.

정치 개혁 – 국회 양원제, 중대선거구제 도입

정치 개혁의 최우선 순위는 국민의 신뢰 회복과 상생 정치 실현이다. 지금의 정치는 '3류 정치'를 넘어 '4류 정치'로 전락하고 있다는 비판이 제기되고 있고 각 정당 간의 극단적인 대립과 진영 논리가 만연해 있다. 의견 대립이 심화되면서 정치적 대화가 줄어들고, 정책 논의가 단절되는 상황이 발생하고 있다.

협상과 타협은 정치의 본질적인 기능으로, 이를 통해 정치적 갈등을 해소하고 국민의 요구에 부응하는 정책을 수립할 수 있다. 정치 복원은 타협과 협상의 제도화를 통해 이루어져야 한다. 정치적 대립을 극복하고, 서로 다른 의견을 가진 정치 세력 간의 소통을 촉진하는 것이 중요하다. 이를 통해 정치적 합의를 이끌어 내고 정책의 실행력을 높여야 한다.

상생 정치의 출발은 울피아누스의 '각자에게 그의 몫을 주라'는 원칙을 되새기는 것이다. 여야 간의 상호 인정과 각자의 몫을 인정하는 것이다. 이는 정치적 협상과 타협을 통해 이루어져야 하며, 서로 다른 입장을 가진 정치 세력 간의 존중과 이해가 필요하다는 것을 의미한다. 상생 정치의 토대 아래에서 국민이 원하는 민생 정치와 정치 개혁, 국회 개혁의 진전을 이룰 수 있을 것이다.

● 중대선거구제 도입

이제 소선구제 대신 중대선거구제를 도입해야 한다. 소선거구제가 가지는 승자 독식 구조는 지역 구도에 따른 양당제를 강화한다. 이는 정치적 다양성을 저해하고, 민주주의의 건강성을 해치는 요소로 작용하고 있다.

소선거구제는 여러 가지 심각한 단점을 가지고 있다.

첫째, 지역 분할을 가속화한다. 지역에서 특정 정당의 정치적 지배가 강화되면서, 지역 간의 불균형이 심화된다.

둘째, 당선되기 위해 후보자들이 극단적인 선거운동을 채택하게 되며, 이는 과열 양상으로 이어진다. 이 과정에서 네거티브 선거가 조장되고 유권자들 사이에는 불신이 팽배해진다.

셋째, 이러한 경쟁이 고비용을 유발하며, 정치적 참여를 저해하는 결과를 낳는다. 호남 지역구에서도 '국민의힘'이 당선되고 영남에서도 '민주당'이 당선될 수 있도록 해야 진정한 사회 통합이 가능하다고 본다. 중대선거구제 도입을 통한 정치 개혁은 단순한 제도 변경이 아니라, 민주주의의 발전과 사회 통합을 위한 필수적인 과정으로 인식되어야 한다.

● 법률 대정비

선진대국 시대의 국회는 법률 제정 즉 입법의 문제를 고민할 때이다. '법률은 곧 규제이고 비용'이라는 인식이 필요하다. 규제는 경제 활동과 국민의 삶에 직접적인 영향을 미친다. 입법 만능과 규제 중심주의는 특혜와 자유의 제한이라는 문제를 발생시킨다. 일단 허용하고 문제가 생기면 규제하는 나라가 있는 반면, 규제부터 만들고 그 틀 속에서만 진행하게 하는 나라도 있다. 우리는 당연히 후자의 나라다.

정부 입법은 나름의 규제 심의 절차가 있으나 의원 입법은 그런 것이 없다. 국회의원들의 입법 경쟁을 뭐라 할 게 아니라 인식 전환과 규제 입법을 막을 제도적 장치 마련이 우선이다. 양원제 개헌을 통해 상원에 법률의 규제 조정 권한을 주어 국회에서 거르도록 해야 한다.

지난 1987년부터 2024년까지 법률은 765개에서 1,676개로 매년 평균 24개씩 증가했다. 같은 기간 시행령은 1,286개에서 1,949개로 매년 17개씩 늘어나고 있다. 정부 시행령보다 법률 숫자가 더 빨리 늘고 있다. 사회가 복잡해지고 정부의 역할이 커지면서 질서와 제도를 규율할 법령이 늘어날 수밖에 없는 측면이 있다. 법령의 숫자 증가가 곧 규제의 확대로 해석할 수는 없을 것이다. 그러나 규제 중심의 나라에서 자유와 자율의 나라로 바꿔가기 위해서는 입법의 개선도 반드시 필요하다.

또 선진대국 진입을 앞두고 국회와 정부의 법제 대정비도 시급하다. 묵은 법령의 대청소가 필요하다. 사문화된 법률, 중복 법률, 과도한 규제 법률을 과감하게 정비해야 한다. 제정만 있고 폐지는 없는 법률이 쌓여만 가고 있다. 각 법률을 집행하는 부처의 공무원 숫자는 늘어갈 수밖에 없다. 현실과 동떨어진 낡고 사문화된 조항 하나로 국민 생활과 경제 활동에 불편 손실을 초래한 사례는 너무나 많다. 정부도 대통령령, 총리령, 부령의 대정비를 통해 국민과 사회의 자유와 활력을 불어넣어야 한다. 국회와 정부, 지자체는 사문화되거나 중복된 법령과 조례를 정비함으로써, 선진대국의 새 시대에 맞는 법제를 가져야 한다.

● 교육감 선거

교육감 선거를 시도지사와 함께 뽑는 러닝메이트 방식으로 전환해야 한다. 이렇게 하면 교육 정책의 일관성과 실행력을 높이고 시도지사와 교육감 간의 협력을 강화할 수 있다. 시도지사와 교육청은 예산 편성, 집행, 결산, 지방의회 감사 등 매사에 긴밀히 협력해야 한다. 러닝메이트 방식 전환은 오랫동안 논의되어 온 사안으로 더 이상 미룰 이유가 없다.

● 여론조사법 제정

최근 일련의 여론조사 조작 사례는 여론조사의 신뢰성과 공정성에 치명적인 상처를 남겼다. 일부의 사례이기는 하나 결과를 미리 정해놓고 조사 전체 과정을 조작하는 경우도 있었다. 법률을 통한 규제가 필요하며 이를 위한 별도 입법을 추진해야 한다.

여론조사는 정책 결정과 선거 과정에서 중요한 역할을 한다. 잘못된 여론조사 결과는 국민의 의견을 왜곡할 수 있으며, 이는 민주적 의사 결정에 심각한 영향을 미친다.

여론조사업 등록제를 통해 여론조사를 수행하는 기관의 신뢰성을 확보해야 한다. 등록된 기관만이 여론조사를 실시할 수 있도록 하여, 불법적인 조작이나 비윤리적인 조사가 이루어지는 것을 방지해야 한다. 등록 기준을 강화함으로써, 전문성과 신뢰성을 갖춘 기관만이 여론조사를 수행할 수 있게 해야 한다.

여론조사 결과의 조작은 민주적 원칙을 위반하는 심각한 범죄다. 이에 대한 가중 처벌이 필요하다. 여론조사 조작이 발견될 경우, 해당 업체에 대해 엄한 처벌을 해야 한다.

또한 여론조사에서 응답률이 10% 미만인 경우 결과를 공표하는 것을 금지해야 한다. 낮은 응답률은 조사 결과의 대표성과 신뢰성을 떨어뜨리며 이를 공표할 경우 잘못된 해석을 초래할 수 있기 때문이다.

수사 기관 개혁 - 한국판 FBI 신설

현재 수사 체계는 급격한 변천을 겪고 있다. 지난 검경수사권 조정 이른바 검수완박(검찰 수사권 완전 박탈)과정에서 고위공직자범죄수사처가 생겼고, 경찰과 검찰이 수사권을 놓고 충돌하고 있다. 검찰은 수사권과 기소권을 동시에 가지면서 무소불위의 권력을 휘둘러 왔다. 법치주의를 성숙시키고 국민과 기업의 기본권을 온전히 보호하기 위해서는 수사 기관 개혁, 국가수사국 신설, 검찰 기능 재조정, 국정원의 대공 수사권 부활 등의 구조적 개혁이 필요하다.

검찰은 오로지 기소와 공소 유지에만 전념하도록 개혁하여 수사와 기소를 완전히 분리해야 한다. 또 경찰청에서 수사 기능을 분리하여 독립적인 국가수사국(한국판 FBI)을 신설해야 한다. 이를 통해 경찰은 본연의 치안 유지 업무에 집중할 수 있도록 한다.

- **국가수사국 신설** (한국판 FBI)

국가수사국을 신설하여 범죄 수사를 전문적으로 담당하는 독립 기관으로 기능하도록 해야 한다. 이는 미국의 FBI와 유사한 역할을 하며, 경찰청에서 분리됨으로써 범죄 수사에 대한 전문성을 높일 수 있다. 국가수사국은 부패 범죄, 경제 범죄, 조직범죄, 강력 범죄, 마약·사이버·금융 범죄 등 전문적인 수사가 필요한 사건을 전담하게 된다. 단순한 민생 사건은 경찰이 맡고, 국가수사국은 더 복잡한 범죄 수사를 전문적으로 수행한다.

● 검찰 기능 조정

검찰은 기소권뿐만 아니라 직접 수사권을 갖고 있다. 검찰은 그동안 수사권과 기소권을 독점하며 권한을 남용하는 사례가 많았다. 수사와 기소를 분리해야 한다는 원칙이 제대로 지켜지지 않고 있다. 국가수사국이 신설되면 검찰의 직접 수사는 원칙적으로 금지되며, 검사는 오직 보완 수사권만 가지도록 해야 한다.

또한 현행 헌법 제12조에 따라 영장 청구권이 검사에게만 부여되어 있다. 이로 인해 검찰이 수사 과정에서 영장을 무기로 개입하는 경우가 많다. 개헌을 통해 국가수사국 소속 수사관(사법경찰관)도 직접 영장을 청구할 수 있도록 해야 한다. 검찰이 영장 청구권을 독점하는 구조가 유지되는 한, 진정한 수사 독립은 불가능하기 때문이다.

조서의 증거 능력도 국가수사국과 검찰이 동일하게 보장한다. 또 기소의 대배심원제도 도입을 고려해야 한다. 검찰의 기소권 남용을 통제하기 위해 중요 사건에 한해 '기소심의위원회'를 의무화하고 그 결정을 검찰이 의무적으로 수용하는 방안을 도입해야 한다.

이번 계엄과 탄핵 과정에서 공수처는 그 한계를 여실히 보여주었다. 공수처는 애초에 검찰 개혁을 명분으로 탄생한 옥상옥의 기관이었다. 이번 대통령 수사와 구속 과정에서 공정성과 중립성을 현저히 상실했고 노골적인 정치적 편향성과 무능을 보여주었다. 공수처를 즉각 폐지하고, 고위공직자 수사 기능을 국가수사국으로 넘겨야 한다.

• 국정원의 대공수사권 복원

대공 수사권 박탈은 정보와 수사 업무를 분리해 국정원 힘을 빼겠다는 지난 정부의 잘못된 판단에 따른 것이다. 국정원이 간첩 수사에서 배제되는 것은 있을 수 없는 일이다.

국정원이 대공수사권 등을 가져야 한다. 간첩 수사는 물론이고 대테러, 국제 조직 범죄, 산업 기밀 보호를 전담하도록 하고 나머지 형사 사건은 국가수사국이 담당하도록 해야 한다. 이를 통해 국가수사국은 국내 범죄 수사에 집중하고, 국정원은 국가 안보와 관련된 수사에 전념하는 더욱 효율적인 체계를 갖출 수 있을 것이다. 또한 간첩법을 개정해 수사 범위도 '적국'에서 '외국'으로 넓혀야만 할 것이다.

정부 개혁 – 미래전략원 신설

• 일 잘하는 유능한 정부

정부는 국민을 위한 정책을 수립하고 효율적으로 집행해야 한다. 부처 간의 엇박자와 책임 회피, 비효율적인 의사 결정 구조 등은 공무원 조직이 가지고 있는 일반적인 문제점이다. 새로운 시대의 정부는 민간보다 더 유능하고 생산적이어야 한다. 국민이 체감할 수 있는 변화를 만들어 내기 위해서는 무엇보다 책임감 있고 능력 있는 정부가 되어야 한다.

• 청와대와의 긴밀한 협력

정책 효율을 높이기 위해서는 청와대와 정부 간의 원활한 협력이 필수적이다. 대통령 국정 운영 방향이 제대로 관철되지 않거나 따로 노는 경우, 정책 추진이 지연되거나 왜곡되는 문제가 발생한다.

청와대는 국정의 컨트롤 타워로서 대통령을 보좌하고 국정 전반의 통일성을 이끌어야 한다. 각 부처와 청와대 보좌기구 간의 정기적 협의 시스템을 구축하여 정책 결정 속도를 높여야 한다. 불필요한 절차와 관료주의적 대응을 줄이고, 대통령의 정책 방향이 신속하게 반영될 수 있도록 의사 결정 구조를 개편해야 한다. 신중하게 결정하되 결정된 사안은 좌고우면 없이 신속하게 집행해 나가야 한다.

● 속도감 있는 정책 결정

　청와대와 정부의 소통을 강화하여 의사 결정을 속도감 있게 해야 한다. 정책이 수립되기까지 과도한 절차를 거치면서 불필요한 행정 절차가 반복되고 결국 정책 시행이 늦어지는 문제가 발생해서는 안 된다. 공공 부문에서 '민간기업이면 그렇게 느긋할까?'라는 지적은 오랫동안 제기되어 온 게 사실이다. 이는 최고 의사 결정 단계부터 맨 아래 말단 주민센터까지 예외가 없었다. 복잡한 행정 절차, 중층의 위원회, 각종 외부 평가 등은 정책 결정의 속도를 가로막는 심각한 장애물이다. 위원회 제도는 일부 필요성에도 불구하고 실제는 책임 회피와 시간 끌기용으로 이용되는 경우도 많다. 2022년 민선 8기 대구광역시는 그동안 의사 결정 지연과 책임 회피용으로 이용되거나 실효성이 낮은 위원회를 대거 정비하여 공무원과 시장의 책임성을 높이는 조치를 취한 바 있다.

● 국회와의 정책 협력 강화

　효율적인 국정 운영을 위해서는 현 여소야대 국회와의 협력이 필수적이다. 정무장관을 신설하여 상생과 소통의 창구를 확대한다. 필요하면 대통령이 직접 야당과 소통하고 협력하는 방안을 찾아야 한다. 정부와 국회, 정당 간의 정기적인 정책 협의회를 운영하여, 국정 운영을 협의하여 의견 차이를 줄이고 법안 처리 속도를 높일 것이다.

● 미래전략원 신설

새로운 미래 100년을 준비하기 위해 더욱 체계적이고 미래지향적인 국가전략을 수립 집행하는 별도의 조직이 필요하다. 이에 따라 선진대국, 미래 산업, 경제 계획, 규제 혁파, 저출산 대응 등을 총괄할 부총리급의 '미래전략원'을 신설하여 미래 국가 어젠더와 비전을 수립하고 실행하는 체계를 구축해야 한다. 동시에 경제부총리와 교육부총리를 폐지하고 해당 업무는 해당 장관이 수행하도록 한다.

● 정부 부처 축소 및 대부처 체제 전환

정부 조직의 효율성 개선을 위해 대 부처 체제로 전환한다. 부처 간 유사한 업무를 수행하는 조직을 하나로 합쳐 행정력을 집중시키고, 정책 추진 과정의 시너지를 극대화해야 한다. 이를 위해 기존 18개 부처에서 13~14개 부처로 축소하는 개혁안을 추진해야 한다. 부처를 통합하면 각 분야의 정책을 효율적으로 운영하기 위해 1, 2차관제를 둔다. 부처 장관이 전체적인 정책 방향을 총괄하고, 세부 정책은 1차관과 2차관이 담당하는 체계로 운영해야 한다.

행정 체계 개편 – 행정 구역 통합 추진

현행 행정 체계는 조선 시대 갑오경장기(1895년)에 만들어진 도道 중심의 행정 구조를 기본으로 유지하고 있다. 그러나 이제 민주공화국으로 바뀌었고 세계적인 경제 대국이 되었다. 교통과 통신의 발전, 국민 의식의 변화에 맞춰 행정 체계 또한 변화해야 한다.

현행 행정 구조는 일반 도道, 광역시, 특별자치도, 특례시, 특별자치시 등 다양한 형태로 혼재되어 있으며, 이로 인해 행정 비효율이 초래되고 있다. 불필요한 행정 위계를 줄이고, 더 효율적인 지방 행정 체계를 만들기 위해 시와 도의 통합을 추진하는 방향으로 행정 개혁을 추진해야 한다.

● 3단계에서 2단계로의 행정 체계 개편

현재 행정 체계는 '중앙 정부 – 광역 지방 정부 – 기초 지방 정부'로 구성되어 있다. 이로 인해 정책 결정과 집행 과정에서 비효율이 발생하고, 행정 조직 간 책임이 분산되는 문제가 있다. 중장기적으로 중앙 정부와 지방 정부 2단계 체계로 간소화해야 한다. 이렇게 되면 불필요한 행정 단계가 사라지고, 정책 결정 속도가 빨라지며 행정 비용이 절감되는 효과를 기대할 수 있다.

● 행정 구역 통합

현재 우리는 광역단체인 도(道)와 기초단체인 시(市)·군(郡)·구(區)로 구성되어 있다. 그러나 일부 지역에서는 도(道)와 시(市) 간의 역할이 중복되거나, 행정 비효율이 발생하는 사례가 많다. 도지사와 광역시장을 역임한 경험에 비추어 보면, 도와 시의 기능은 매우 다르다. 도는 지원 기능이 중심이고 시는 집행 기능이 중심이다.

이를 해결하기 위해 광역 행정 체계를 재정비하고, 시도(市道) 통합을 추진해야 한다. 앞으로 시와 도를 통합하여 집행 기구인 통합시로 확대하여 광역 행정 체계를 구축해야 한다.

대구경북특별시 추진

현재 진행 중인 대구광역시와 경상북도의 통합 추진은 서울에 이은 '제2의 특별시' 출범을 목표로 한다. 500만 인구를 가진 '대구경북특별시'의 출범으로 지방 소멸을 극복하고 광역권 계획 수립으로 지역 발전의 획기적인 기회를 마련할 수 있다. 대구와 경북은 역사적·경제적·사회적으로 긴밀한 관계를 맺고 있으며, 행정구역을 통합하면 더욱 강력한 광역 경제권을 형성할 수 있다. 이를 계기로 다른 지역도 시도 통합을 추진하여 행정 구조를 혁신해야 한다.

● 중장기적으로 30~50개 행정 구역으로 재편

현재 우리나라는 17개의 광역자치단체(광역시·도)와 226개의 기초자치단체(시·군·구)로 구성되어 있다. 그러나 인구가 감소하고 지방 소멸이 가속화되는 상황에서 소규모 기초자치단체를 유지하는 것은 비효율적이며, 자립적인 행정 운영이 어렵다. 이를 해결하기 위해 중장기적으로 기초자치단체를 통합하여 30~50개의 광역 행정 구역으로 재편해야 한다.

- 행정 구역을 통합하면 지역 간 균형 발전을 도모하고, 지방 정부의 자립성을 강화할 수 있다.
- 각 지역이 규모의 경제를 갖출 수 있도록 통합하여, 행정 서비스의 질을 높일 수 있다.
- 현재의 도道 체제를 개편하여, 실질적인 경제권과 생활권을 반영한 새로운 광역 행정 구역을 도입해야 한다.

이러한 개편이 이루어지면 수도권과 지방 간의 불균형 문제를 해소하고, 지방 정부의 자율성을 확대하는 효과를 거둘 수 있다. 행정 구역을 개편하고 구역마다 거점도시를 육성해야 한다. 거점 도시는 행정 구역의 중심 도시로서, 지역 주민들에게 필수적인 행정·교육·복지·의료·문화·교통 등의 서비스를 제공한다. 반나절 생활권 안에 필수 서비스가 충족되는 거점 도시를 육성하면 주민들의 생활 여건은 크게 개선될 수 있다. 이는 지방의 인구 유출을 막고, 지방 소멸을 방지하는 효과를 기대할 수 있다.

ABB 지능형 전자 정부

● 행정 혁신 - ABB(AI, Blockchain, Big Data) 과학 행정 도입

이제 전자화, 정보화 시대를 지나 AI 시대를 앞두고 있다. 행정 부문에서도 디지털 전환에 대한 선제적 대비가 필요하다. 정부 정책의 수준과 품질도 민간이나 다른 선진 국가의 행정보다 더 나아야 한다. 공무원 개인의 역량 강화뿐만 아니라 행정 시스템 전반에 대한 한 단계 도약이 필요한 시점이다.

ABB 지능형 전자 정부는 국민 서비스 증진, 행정 효율성 제고, 국가 예산 절감 등을 목표로 한다. 인공지능(AI), 블록체인(Blockchain), 빅데이터(Big Data)를 기반으로 하는 'ABB 과학 행정'을 도입해야 한다. 이렇게 되면 미래 예측, 자원 배분, 재해 예방, 행정 효율성 증진에서 성과를 낼 수 있다. 행정 서비스의 속도와 정확성이 향상될 뿐만 아니라, 과학적 데이터에 기반한 정책 결정으로 적시성과 효율성을 높일 수 있다. 반복적인 행정 절차를 줄이고, AI 기반 데이터 분석을 활용하여 더욱 정교한 정책

수립이 가능해진다.

우리나라는 전자화와 정보화를 앞서 도입했고 그 덕분에 산업, 행정, 의료 등 각 영역에 충분한 데이터들이 쌓여있다. ABB 기술을 활용하여 이런 축적된 정보를 가공하여 민간이 활용할 수 있도록 하고 행정에도 도입해야 한다. ABB 지능형 전자 정부는 선진대국 시대의 정부가 나아갈 방향이다.

대구광역시는 ABB 기술을 활용한 스마트 행정을 선도적으로 도입하여 행정 혁신에 나서고 있다. 이런 혁신 사례를 전국적으로 확산하여 우리 행정을 미래형 디지털 시스템으로 개편해야 한다.

빚을 대물림하지 않는 나라

● 국가 재정 건전성 확보

재정 건전성은 나라 빚을 안정적으로 관리하는 것이다. 국가 신용도는 물론 미래 세대를 위해 국가 채무를 억제하고 줄여나가야 한다. 현재 한국의 GDP 대비 국가 채무 비율은 약 47%로, 이는 경제 안정성을 위협할 수 있는 수준이다. 따라서 경제 성장과 국가 채무를 연동하여, 안정적인 재정 관리를 추진해야 한다. 이를 통해 장기적으로 국가 재정의 건전성을 확보하고, 차입 비용을 줄이며, 경제적 위험을 최소화할 수 있다.

국가 채무는 2024년 1,177조원(GDP 대비 46.2%)에서 계속 증가하여 2028년 1,512조원(GDP 대비 50.5%)으로 전망되고 있다. 이러한 국가 채무 증가의 주된 원인은 만성적인 세수 부족과 복지 지출의 지속적인 증가이다. 국회예산정책처의 장기 재정 전망에 따르면, 국가 채무는 2030년 1,843조원(GDP 대비 72.1%)에서 2070년 7,138조원(GDP 대비 192.6%)으로 지속적으로 증가할 것으로 예상된다. 이러한 추세는 국가 재정의 지속 가능성을 위협할 수 있다.

재정 건전성을 확보하는 것은 재정 혁신을 통해 씀씀이를 줄이거나 국내 총생산(GDP)를 늘리거나 또는 국가 채무를 줄임으로써 가능하다. 경제 성장은 세수 증가로 이어져 국가 재정에 긍정적인 영향을 미칠 것이다. 거기에 더해 채무 동결을 통해 재정 건전성을 더욱 강화할 수 있는 기반이 된다. GDP가 증가하면 자연스럽게 세입도 증가하게 되므로, 이를 통해 재정 지출을 보다 효율적으로 관리할 수 있을 것이다.

재정 건전성을 지속적으로 확보하기 위해 재정 준칙의 법제화를 추진할 필요가 있다. 재정 준칙은 재정 수지, 재정 지출, 국가 채무 등 총량적인 재정 지표에 대한 구체적인 목표를 설정하고, 이를 법제화하여 중·장기적으로 재정 건전성을 유지하는 데 도움을 준다.

또한 에너지 개발과 투자를 통한 미래 펀드 조성에 적극 나서야 한다. 수출을 통한 성장은 물론이고 연근해 석유 개발 등

자원 개발을 통한 수익 창출에도 나서야 한다. 초기 투자 재원을 마련하여 투자하고 규모를 늘려나가 미국 국채나 글로벌 기업의 지분 등에 투자해야 한다. 이런 국부 펀드는 미래 세대의 재원이 될 뿐 아니라 국가 채무를 개선하는 데도 유용할 것이다.

채무 제로 – 재정 혁신

경상남도 도지사 시절 과감한 재정 혁신을 통해 지방 정부의 건전한 재정 운영을 실현했다. 도지사로 취임했던 2012년 12월 경상남도의 채무는 1조 3,488억 원에 달했다. 하지만 불필요한 지출을 줄이고, 예산을 효율적으로 배분한 결과 7,024억 원을 상환하여 채무 절반을 감축하였다. 이후 2017년에는 광역자치단체 최초로 '채무 제로' 도전에 나섰으며, 이는 지방 재정 운영의 모범 사례로 평가받았다.

대구광역시 시장 재임 기간에도 같은 원칙을 적용하였다. 2022년 당시 대구의 채무는 2조 4,000억 원으로 연간 이자 부담만 500억 원 이상이었다. 채무 비율은 19.8%로 전국에서 두 번째로 높은 수준이었다. 그러나 민선 8기 출범 후 관행적 지출과 불필요한 사업을 줄이는 재정 개혁으로 2년 6개월여 동안 약 2,400억 원을 상환했다. 또 전국 시도 중 유일하게 3년 연속 지방채를 발행하지 않고 예산을 편성할 수 있었다. 이 성과는 높게 평가받아 '제15회 대한민국 지방 재정 대상' 특별시와 광역시 중 1위를 차지하였다.

제2부

**기업에게 자유를! 서민에게 기회를!
청년에게 꿈을!**

2.
자유와 활력 경제

이제는 경제원칙의 기본으로 돌아가서
개인과 기업의 자유와 창의를 존중해야 한다.
혁신적인 사고 전환으로 세계를 선도하며
선진대국 경제의 DNA로 자리잡아야 한다.

자유와 창의 성장

우리는 경제의 '자유와 창의'를 존중함을 기본으로 해야 한다. 이는 자유 시장 경제의 대원칙이다. 그럼에도 지난 시기 경제 정책은 자유와 창의보다는 이른바 경제 민주화를 위한 균형과 분배를 강화하는 데 집중해 왔다. 이제 경제 원칙에 충실하고 기본으로 돌아가야 한다.

세계와 혁신을 선도하고 이끌고 이를 기반으로 선진대국으로 도약하기 위해서는 경제철학과 방향의 근본적인 전환이 있어야 한다. 자유와 자율, 민간 주도, 미래 혁신, 규제 배제, 도전과 패자 부활 등이 선진대국 경제의 DNA로 자리 잡도록 해야 한다.

● 2050 중장기 경제 구상

세계 경제는 4차 산업 혁명을 넘어 지식 경제, 양자와 AI 시대에 진입하고 있다. 우리가 선진국 대열에 합류하기 위해서는 명확한 비전과 로드맵이 필요하다. 선진국 문턱을 단숨에 뛰어넘는 퀀텀 점프(Quantum Jump)를 해야 한다. 글로벌 혁신 경쟁력을 확보하고 산업 혁신과 패러다임을 전환해야 한다. 이를 위한 구체적인 방책과 구상을 수립해야 한다. 삼성전자와 같은 글로벌 기업을 더 많이 육성하고 벤처 혁신 분야의 유니콘을 키워내야 한다. 초첨단 기술 개발과 상용화를 지원하여 세계를 선도해야 한다. 해외에 나가 있는 한국기업이 1만 2,000개에 달하고, 그중 제조업은 5,800곳이며 현지 채용 인력은 286만 명이다. 이런 기업들을 국내로 불러들일 수 있는 정책들을 펼쳐 일자리 확보와 국내 경기 활성화에 힘써야 한다.

정부는 각 경제 주체의 역량을 높여 스스로 일자리나 경쟁력을 높일 수 있도록 해야 한다. 정부는 미래 성장 산업과 기술 육성에 집중해야 한다. 특히 우리의 핵심 역량은 전략적 가치가 있는 기술 제품을 제조할 수 있는 역량이다. 이를 위한 제조업 공급망 확보 등의 산업 정책이 필요하다. 또한 첨단 기술을 위한 연구 개발 투자, 국부를 활용한 미래 투자 등에 정부 역량이 집중되어야 한다.

이를 위한 경제 5개년 계획은 정부와 민간 부문이 협력하여 실현해야 할 구체적인 목표와 전략을 담아야 한다. 민간의 창의성과 정부의 지원이 결합할 때 진정한 혁신이 이루어진다. 이전 개발 독재 시대의 관 주도 방식이 아닌 민간이 주도하고 정부가 이를 지원하여 민관이 함께 하는 형태로 추진해야 한다.

● 경제적 자유에 대한 목표 설정과 벤치마킹

우리나라의 경제적 자유에 대한 분명한 목표와 벤치마킹을 제시해야 한다. 매년 발표되는 해리티지재단의 경제 자유도 지수에서 한국은 스위스, 아일랜드, 대만 등에 비해 매우 뒤처지고 있다. 이들 선두 국가의 지속 성장의 비결은 경제적 자유이다.

경제 자유도 지수에서 우리는 2024년 세계 14위를 기록하였다. 하지만 이는 아직 낮은 수준의 국가부채와 보수적 재정 운영의 건전성 덕분이다. 오히려 노동시장의 자유도는 최하위 그룹에 속하고 정부의 무결성, 조세 부담, 투자의 자유 등에서 아주 낮은 평가를 받았다. 실제로 경제적 자유가 매우 낮은 국가라고 할 수 있다.

우리나라의 잠재 성장률은 지속적으로 하락해 왔다. 한국은행은 그 원인으로 인구 감소와 투자 부진보다 '총요소 생산성'의 저하를 가장 중요한 요인으로 지목하고 있다. 즉 우리나라에서 기술 혁신, 효율성 개선으로 생산성 향상이 일어나지 않는다는 것을 의미한다. 비효율적 산업 구조와 경직된 노동시장 등이 문제의 원인이다.

이제 새로운 정부는 우리의 경제적 자유를 전 세계 최고 수준으로 끌어올리겠다는 명확한 목표를 제시하고 규제는 원칙적으로 철폐한다는 원칙을 천명하여 경제 성장의 결정적 족쇄를 제거해야 한다.

규제 배제 – 네거티브 규제로 대전환

규제의 근본적 대전환이 필요하다. 명시적으로 금지된 것이 아니면 새로운 사업을 할 수 있도록 네가티브 규제로 바뀌어야 한다. 지금 방식으로는 규제 증가 속도를 따라잡지 못한다. 말 그대로 혁명적 대전환이 필요하다.

개헌을 통해 양원제를 도입해서 규제 법안의 도입을 제한할 수 있도록 하는 국회 개혁이 필요하다. 다른 하나는 국회의 규제 권한을 과감하게 분산하는 것이다. 연방제에 준하는 경제 분권화를 통해 지방자치단체 내의 경제활동에 대해서는 국회의 규제 권한을 지방의회로 이양할 필요가 있다. 국회의 규제가 나라 전체에서 새로운 사업의 기회를 원천적으로 봉쇄하는 지금의 구조에서 탈피해야 한다. 하나의 예로, 전국적이고 통일적인 규제 대신 대구광역시가 어떤 신산업을 허용하기로 했다면 조례 제정을 통해 가능하도록 해주자는 뜻이다. 이것이 지방자치단체 간의 혁신 경쟁을 유발하고, 국민은 선택의 자유를 통해 규제가 없는 보다 자유로운 지역에서 마음껏 사업을 영위할 수 있게 하는 길이다.

규제는 자유와 활력을 갉아먹는 가장 심각한 요인이다. 우리 정치는 정부의 개입을 과도하게 확대해 왔고, 심지에 '개인의 삶을 국가가 책임지겠다'라고까지 공약하는 지경에 이르렀다. 정부의 개입이 '절대 선'인 양 지나치게 큰 정부를 지향하면서 개인과 사회에 대해 각종 간섭과 관여, 지시를 남발했다. 특히 경제 분야의 과도한 개입은 우리의 자유와 활력, 창의와 역동성을 크게 위축시키고 있다.

규제로 인한 역동성 저하는 우리 잠재 성장률 하락의 중요한 요인이다. 한국은행의 분석을 보면 상장률 하락은 인구의 감소나 투자 부진보다 총요소 생산성 저하가 가장 큰 요인이다. 이는 우리 경제가 더 생산성이 높은 영역으로 자유롭게 이동하지 못하고 있다는 것을 의미한다. 글로벌 컨설팅 업체 맥킨지는 벤처 투자금을 가장 많이 받은 100대 유니콘 기업들의 72%가 한국에서는 사업을 제대로 할 수 없다고 분석하고 있다.

미래 경제 변화를 이끌고 준비하는 새로운 사업 아이디어의 대부분이 한국의 규제에 막혀 사업을 시작할 수 없는 것이다. 우리의 창의와 혁신 기업은 국내에서 영업을 하더라도 본사는 싱가포르 등 해외에 세우는 참담한 현실이다.

규제 개혁 구호가 지속적으로 제시되고, 규제 샌드박스 제도 등이 도입되었지만 상황은 개선되지 않고 거꾸로 악화되어 왔다. 규제 권한을 무기로 한 관치 경제의 혁명적 혁파가 필요하다. 검사를 금융감독 기관에 파견하고 방위 산업 공기업에 보내는 식의 전근대적인 발상은 이제 그만해야 한다.

관치 규제 권한의 축소도 필요하다. 공정위나 금융감독원 등 많은 규제 기관이 민간의 지배 구조, 경영권에 직접 개입하는 막강한 권한을 갖고 있다. 이들의 권한 축소를 통해 시장의 자유를 확대함은 물론 외부 간섭의 여지를 줄여야 한다.

우리에게만 있는 규제, 세계적 기준과는 동떨어진 갈라파고스 규제는 더욱 심각하다. 개방 정책과 세계 경제 통합으로 글로벌 스탠더드는 점차 중요해지고 있다. 규제와 관치가 적어야 경제가 더 성장한다는 믿음과 확신이 필요하다.

규제가 원천 배제된 특별행정 구역 조성도 적극 검토해야 한다. 지금 경제 혁신과 지역 발전을 목적으로 하는 '규제 프리존'은 많이 조성되어 있다. 지금 정부 부처는 규제 타파와 특별 지원을 위한 특별 구역을 경쟁적으로 신설하고 있다. 특정한 지역에서 중앙의 규제 배제를 통해 신산업 도입이나 혁신 기술 상용화를 위한 고육지책이다. 그러나 이는 한계가 있으며 근본적인 대책이 될 수 없다.

규제 배제 특별 구역은 자유 무역 지대, 경제 자유 구역 등의 프리존(Free Zone)을 보다 더 강화하는 것이다. 국내 일반법의 적용 자체를 배제하거나, 조세, 금융을 포함하는 강력한 특례를 두어 독립 지역처럼 운영하는 것이다.

규제 배제 지역 설정을 위해서는 법률을 넘어서는 특별한 조치가 있어야 한다. 향후 개헌 과정에서 이런 지역의 설치 근거를 위해 헌법에 조문을 반영할 필요도 있을 것이다. 이러한 규제 배제 특별구역 설치가 '대구 NEW K-2', 새만금지구, 광주공항 후적지 등 제한된 특별한 지역을 두바이나 싱가포르에 맞먹는 미래 첨단 도시로 변화시키는 데 결정적으로 기여할 것이다.

> **대구 K-2 후적지, 글로벌 신성장 특구로 도약**
>
> 대구광역시는 대구 군공항 이전 후적지(New K-2)를 글로벌 신성장 특구로 지정하겠다는 비전을 발표한 바 있다. 약 700만㎡ 규모의 K-2 종전 부지는 두바이나 싱가포르의 장점을 흡수하여 대규모의 공공 개발과 투자 유치를 통해 '24시간 잠들지 않은 글로벌 수변 도시'로 개발한다. 또한 가장 강력한 규제 배제를 위한 특별법을 제정하여 세제 감면, 금융 지원, 외국인 특례를 가능하게 하고, 관광·상업·신산업 및 연구 개발 등의 미래 혁신 도시를 구상하고 있다.

생산적 복지 - 서민 기회 복지

선진대국의 복지의 기본 원칙은 국민이 스스로 성장할 수 있는 기회를 제공하고 일자리를 통해 생산에 기여하는 '생산적 복지'이다. 극빈층에는 최저 복지를 보장하되, 서민에게는 일을 할 수 있도록 하고 실패해도 다시 일어설 기회를 주는 '서민 기회 복지'로 나가야 한다.

무분별한 현금 살포식 무상 복지, 누구에게나 일정한 금액을 나눠주는 식의 방식은 정의롭지도 않고 오래 지속될 수도 없다. 벌써 일정 기간만 일하고 실업급여로 살아가거나 주민자치센터에 찾아가 '내 몫을 왜 더 주지 않느냐'라고 난리를 치는 사람도 많다. 30만 원, 50만 원씩 뿌리는 전 국민 지원금을 기대하는 사람도 있다. 이런 무차별 현금 살포는 국민의 건강한 근로 의식을 병들게 하고 정부와 공동체에 빌붙어 사는 의존형 인간을 양산한다.

이는 정치적으로 남미 좌파의 무상 복지 통치 방식과 곧바로 연결된다. 베네수엘라 차베스 정권은 저소득층에게 정치적 지지를 요구하며 빵과 가솔린을 무상으로 지급했다. 빈곤층을 무상 포퓰리즘으로 포섭하고 선거권을 매수하는 수법을 쓴다.

무상 복지 재원은 세금을 납부하는 납세자의 경제 활동으로 만들어지는 것이다. 타인의 수고로움을 내가 편하게 나눠 쓰는 것이다. 절대 공짜가 아닌 것이다. 복지가 늘어나 감당할 수준을 넘어설 경우, 결국 그 부담은 미래 세대에게 전가되며, 국가 경제의 지속 가능성은 약화 될 수밖에 없다.

복지 정책은 불가역적이다. 한번 시행된 복지 정책을 없애는 것은 정말 쉽지 않다. 복지 항목이 새로 늘지 않아도 복지 비용은 매년 늘어난다. 대부분이 복지가 물가 상승 등에 연동되어 있기 때문이다. 대구광역시는 작년 복지 비용이 전체 예산의 절반을 넘어섰으며 그 비율은 계속 늘어가고 있다. 대부분의 지자체 사정이 비슷하다.

우리가 부담 가능하고 감당할 수 있는 만큼의 복지 확대를 추진함으로써 미래 투자 여력을 확보하고 국가 재정의 건전성을 유지해야 한다. 또한 복지 지출 증가가 기회를 확대하고 생산성 향상과 연동될 수 있는 방안을 찾는 노력이 중요하다.

복지는 경제 성장과 균형을 이루며 확대되어야 한다. 단순한 재정 지출 확대가 아니라, 경제 생산성 증가에 맞춰 복지를 확대하는 구조를 마련해야 한다. 복지 지출을 늘리는 속도가 경제 성장 속도를 초과해서는 안 된다. 이를 넘어서면 빚을 늘려야 하고 곧바로 국가 채무로 쌓이고 미래 세대의 부담으로 남는다. 국민적 합의를 통해 GDP 대비 적정 복지 비율을 설정하고 이를 준수해야 한다.

또한 복지 행정 혁신을 통해 복지 전달 비용을 줄이는 방안을 적극 모색해야 한다. 이 방안이 성공하면 복지비용 총액 증가를 상당 기간 늦출 수 있다. 우리의 복지 지원 체계는 종류도 많고 자격 요건을 따지는 대상자도 각각 이어서 관리가 매우 어렵다. 정부나 공공 기관 또는 민간 기관 위탁 방식으로 나뉘어져 복잡하다.

복지 행정 혁신은 칸막이로 막혀있는 개인의 행정 정보를 복지 체계에 연동시키는 것부터 시작한다. 또 스테이블코인(stablecoin) 또는 디지털 화폐(CBDC)등을 도입하고 블록체인 기술을 활용하면 복지 전달 체계는 매우 간소화되고 비용도 크게 줄일 수 있다.

일자리를 만드는 기업가와 납세자에 대한 우대

기업가들은 도전과 혁신을 통해 일자리를 만들고 사회 발전에 기여한다. 따라서 단순한 부자보다는 기업을 운영하여 일자리를 만드는 기업가들에게 더 많은 지원이 주어져야 한다. 그들이 창출하는 일자리가 경제를 돌아가게 하기 때문이다.

일자리 창출자들을 존중하는 사회적 분위기를 조성해야 한다. 정부는 기업가들이 자유롭게 자신의 비즈니스를 운영할 수 있도록 다양한 정책을 마련해야 한다. 안정적인 경영 환경과 지원 체계가 이들을 성장시키고, 이어서 다른 신규 일자리 창출로 이어질 수 있는 효과를 가져올 것이다.

또 자수성가한 기업가들의 노력을 인정하고 그들이 축적한 부가 사회에 기여할 수 있도록 해야 한다. 상속세를 완화할 경우, 기업 승계를 통해 책임경영과 일관된 경영 방식을 유지하여 기업 성장에 도움을 줄 수 있다. 중소기업의 경우 상속세가 부과되면 부담이 상당하다. 세금을 낼 돈을 마련하지 못해 기업 경영권이 넘어가는 경우도 많다. 기업가 정신을 발휘해 기업을 성장시키기보다 기업을 팔아버리거나 부동산을 취득하는 선택을 하게 된다. 약 30%의 중소기업이 상속세 부담으로 인해 사업을 포기한다는 통계도 있다. 따라서 상속에 너무 과도한 징벌적 과세는 바람직하지 않다. 가업 상속 공제 적용 요건 완화 및 공제 한도액 상향 조정이 필요하다.

일본과 독일 등 여러 나라에서는 중소기업 승계를 돕기 위한 상속세 완화 정책을 시행하고 있다. 특히 일본은 중소기업 상속 시 자산의 80%까지 세금을 면제해 준다. 이로 인해 기업 승계율이 50% 이상 증가하였다. 따라서 중소기업을 대상으로 이와 같은 정책이 시행되면, 기업가들은 더 활발하게 재투자할 수 있어 결국 경제 성장으로 이어질 것이다.

세금을 많이 내는 사람을 우대해야 한다. 우리는 복지 혜택이 세금으로부터 온다고 인식해야 한다. 세금 납부자에 대한 우대 정책은 복지 시스템의 지속 가능성을 높이고 조세 저항을 줄이는데 기여한다.

내 집 마련을 위한 부동산 정책

● 주택 공급 확대 및 재건축 규제 완화

부동산은 단순한 자산이 아니라 주거 안정성을 확보하는 중요한 요소다. 주택은 주거 복지를 넘어 은퇴를 준비하는 저축과 투자 수단이고 주택 연금의 활용으로 은퇴 후의 안정적인 삶을 살 수 있는 안전판이기도 하다.

현재 부동산 시장은 주택 공급이 부족하여 가격 상승과 거래 감소가 이어지고 있다. 도심 노후 주택을 재개발, 재건축하여 주택 공급을 늘려야 한다. 이를 위해 주택 관련 규제를 대폭 완화해야 한다. '재건축 초과이익 환수제'는 폐지되어야 한다. 대부분의 재건축 과정에서 공공 기여 방식의 기부 채납이 이루어지고 있고 '미실현 이득'에 대한 과세는 재산권 침해이기 때문이다. 특히 지방자치단체가 지역별 주택 수요를 반영한 맞춤형 공급 전략을 추진할 수 있도록 해야 한다.

택지 공급 확대도 병행해야 한다. 현재 절대 농지, 그린벨트, 산악 지역 등의 규제가 주택용 택지 확보를 제한하고 있어, 토지 이용 규제를 합리적으로 개혁하고, 공공 택지 개발을 더 유연하게 추진할 필요가 있다. 재개발 절차도 간소화하여 현재 단계별로 과도한 행정 절차를 거쳐야 하는 구조를 개선하고, 일정 요건을 충족하면 자동으로 승인되는 신고제 도입을 검토해야 한다.

● 양도소득세 등 세금 감면 및 종합부동산세 철폐

양도소득세 등 주택 거래에 대한 세금을 감면하고, 종합부동산세를 철폐해야 한다. 높은 양도소득세와 종합부동산세는 주택 거래를 위축시키고 있다. 부동산 세금 감면은 주택 구매를 촉진하고 중산층과 청년층의 주거 부담을 줄인다.

집값이 오르면서 중산층과 일반 국민까지 종합부동산세 과세 대상이 되고 있다. 이를 방치해서는 안 된다. 국민이 주택을 소유하고 자산을 형성하는 데 도움을 주기 위해 종합부동산세는 폐지하되 재산세 과표를 현실화해야 한다. 이는 중산층과 저소득층의 주거 안정을 유지하는 데 필수적이다. 종부세 폐지하고 재산세 과표 등을 조정하면 지방자치단체의 세수 감소 문제도 발생하지 않는다.

현재 다주택자에 대한 규제가 강화되면서 투자자들이 시장에서 이탈하고 있다. 규제를 완화하여 다주택자들이 주택 시장에 적극 참여할 수 있도록 해야 한다. 이렇게 하면 임대주택 공급이 증가하고 전체적인 시장 안정성을 높일 수 있다.

주택의 수요는 주택 대출 관련 금융에 크게 좌우된다. 주택 시장과 경제에 충격을 주는 일을 방지하기 위해서는 주택 금융의 자율화를 점차 확대해야 한다. 또 주택 관련 핀테크 산업을 적극 육성해서 임대로 시작해서 소유로 전환하는 등의 새로운 주택 금융 제도를 적극 도입해야 한다. 부동산 거래에서 발생하는 투자 이익에 많은 국민이 손쉽게 참여할 수 있도록 리츠 등의 금융 상품을 적극 육성해야 한다.

● 주택 정책의 지방분권화

우리 주택 정책이 실패하는 근본적인 원인 중 하나는 중앙정부가 주택 정책을 일괄적으로 관리하면서 지역별 수요를 반영하지 못한다는 점이다. 주택 문제는 교통·교육·직장·보육·치안 등의 인프라와 밀접하게 연관되어 있어 각 지역의 특성과 필요에 맞는 맞춤형 정책이 필요하다. 선진국에서는 지방 정부가 주택 정책을 주도하며, 이를 통해 도시별로 차별화된 정책을 추진하고 인구 유입을 유도하는 전략을 추진하고 있다.

이제 중앙 정부는 세제·대출·저소득층 주택 복지 등의 거시적 정책을 담당하고, 나머지 주택 공급 및 개발 정책은 지방자치단체가 주도하는 구조로 개편해야 한다. 부동산 거래 규제와 주택 공급 계획까지 중앙 정부가 통제하는 방식에서 벗어나 지자체가 자율적으로 주택 정책을 추진하도록 권한과 재원을 이양해야 한다.

건강하고 든든한 노후

- **국민연금 및 직역연금 동시 개혁**
  : 더 내고 같이 받는 구조로 전환

편안한 노후를 위해서는 국가와 개인이 함께 노력해야 한다. 개인의 재정적 준비와 정부의 제도적 지원이 조화를 이루어야 한다. 공적 제도의 핵심은 연금 시스템이다. 고령화 시대로 접어들면서 연금 재정 압박이 가중되고 있다.

연금 체계를 지속 가능하게 하고, 청년층과 미래 세대에게 부담이 전가되지 않도록 해야 한다. 또한 개인 스스로 노후를 대비하는 수단인 개인연금 비중을 확대하는 방향으로 나가야 한다. 더 많이 내면 더 많은 혜택을 받을 수 있는 제도를 설계하고, 이에 대한 확고한 믿음을 갖도록 하는 것이 중요하다. 연금 개혁은 미룰 수 없는 시급한 과제이다.

국민연금과 직역 연금을 동시에 개혁해야 한다. 연금의 안정성을 높이기 위해서는 '더 내고 같이 받는' 구조로 전환하여 개인이 더 많이 기여하도록 해야 한다. 자신의 기여를 통해 노후 소득을 안정적으로 확보할 수 있도록 하는 것이 중요하다. 또 정년을 연장하여 퇴직과 연금 수급 시점을 일치시켜야 한다. 대구광역시는 최초로 올해부터 5년간 해마다 1년씩 공무직 노동자 정년을 65세로 연장하는 조치를 취한 바 있다. 이런 노력은 노동력 확보와 연금 재정 부담 감소에 도움이 된다.

OECD는 은퇴 후 안정된 삶을 위해 '3층 연금 구조(Three-Pillar System)'를 구축할 것을 권장하고 있다. 이는 공적 연금, 기업·직역 연금, 개인연금으로 구성된다. 국민연금은 우리의 대표적인 공적 연금으로 기본적인 생활을 보장하는 역할을 한다.

최근 이루어진 모수 개혁은 기금 고갈 시점을 일시 늦추는 정도에 그치는 미봉책에 불과하다. 더 지속 가능한 실질적인 방안을 찾고, 젊은 세대에 부담이 전가되지 않도록 하는 근본적인 개혁이 뒤따라야 한다. 세대별로 보험 요율을 차등화해서 어른들이 더 높은 비율을 부담하거나, 인구 고령화나 경제 성장률에 따라 연금액을 자동으로 조정할 수 있는 자동 안정 장치 도입도 검토해야 한다.

　3층 연금 구조 중 국민연금의 위층이 기업·직역 연금으로 대표되는 퇴직 연금 제도이다. 막대한 국고가 투입되는 직 역연금 개혁도 서둘러야 한다. 공무원 연금 적립금은 이미 고갈됐지만, 고령화로 퇴직 공무원 수가 늘어나면서 국고 지원금은 2025년 한 해만 10조 원이 넘을 것으로 추산된다. 군인 연금도 지난 1977년 기금이 고갈돼 정부가 50여 년가량 재정을 투입 중이다. 사학 연금 적립금도 2040년대 후반이면 소진돼 국고 투입이 불가피할 것으로 예측된다.

　퇴직 연금은 기업이 제공하는 연금으로 노후 소득 보장을 위한 중요한 수단이지만, 2023년 기준 퇴직 연금은 42만 8,000개 사업장에서 도입돼 도입률은 27%에 불과하다. 우리 기업들은 국민연금 부담(50%)을 이유로 퇴직 연금 지원을 소극적으로 운영하고 있으며, 이에 대한 개선이 필요하다. 퇴직 연금 도입을 확대하고 노사 부담 완화를 위한 저리 융자 지원 및 추가 재정·세제 지원 등 인센티브를 확대하여야 한다.

● 주택연금 등을 통한 노후 소득 확보

　개인연금 확대뿐만 아니라 주택에 편중되어 있는 중산층의 노후 대비 수단을 다양화하여야 한다. 농지 연금과 산지 연금도 더욱 활성화해야 한다.

노후 자금을 안정적으로 확보하기 위해 국고채, 펀드 등 다양한 투자 상품을 활성화해야 한다. 개인이 노후 자산을 효과적으로 관리할 수 있도록 지원해야 하며, 투자에 대한 교육과 정보 제공을 통해 국민의 금융에 대한 이해도를 높여야 한다.

현재 한국의 연금성 상품들은 그 운용을 금융회사에 전적으로 의존하고 연금 가입자들은 투자 수익에 아무런 통제 권한이 없다. 가입자들이 자신의 처지에 맞게 위험과 수익률이 다른 투자를 통해 연금 자산을 키울 수 있도록 하는 제도 개혁이 필요하다. 투자 수익이 낮은 금융사로부터 자유로운 이동이 가능한 경쟁 체제를 도입해야 한다. 주택 연금, 농·산지 연금 모두 자산 기준이나 연령 기준을 완화하여 더 많은 노년층이 자산 담보 연금을 이용할 수 있도록 해야 한다.

역모기지론이란 주택을 은행에 담보로 맡긴 뒤 연금 형태의 대출을 받아 생활비로 쓰고 만기에 주택 처분권을 은행에 넘기는 방식이다. 주로 노년층이 거주하는 주택의 가치를 활용하여 노후 소득을 보충하는 데 활용된다. 역모기지 활성화를 위해서는 대상 주택 가액의 상한을 완전 폐지하고, 연금 지급 기한이나 거주기간 등의 제한도 완화해야 한다. 관련 규제를 풀어 금융기관이 더욱 다양한 상품을 만들도록 할 필요가 있다. 또한 역모기지에 대한 정보 제공과 금융 교육을 통해 국민이 이를 올바르게 이해하고 활용할 수 있도록 지원해야 한다.

● 노인 연령 상향 조정

노인 연령을 65세에서 70세로 단계적으로 조정해야 한다. 만 65세 기준은 1981년 제정된 노인복지법에 따른 것이다. 이 법에 따라 지하철 무임승차, 공공시설 무료 이용 등 경로 우대 대상을 만 65세 이상으로 정해졌다. 그 이후 만들어진 기초연금, 노인장기요양보험 등 사회보험과 노인 맞춤 돌봄서비스 등 고령층 복지 제도들도 이 기준에 따라 만 65세 이상을 잣대로 삼고 있다.

70세 기준은 노인 생애 주기를 반영하여 그들이 더 오랜 기간 노동시장에 참여하고 사회적 역할을 할 수 있도록 하려는 것이다. 많은 노인이 임금이 줄어드는 것을 감내하고서라도 은퇴를 늦추고 경제적 활동을 지속하고 싶어 한다.

그러나 연령 기준으로 인해 노동시장에서 기회가 제한되는 경우가 많다. 연령 상향 조정은 노동시장에서 경험과 지식을 사회에 물려줄 수 있게 하고, 정부의 재정 부담도 줄어드는 효과가 있다. 5년을 더 장년으로 지내는 것, 5년을 더 일을 하고 경제 생활을 할 수 있다는 것은 한 개인의 일생에서 대단한 가치를 지닌다.

노인 연령 상향 조정

대구광역시는 2024년부터 노인 연령을 기존 65세에서 70세로 매년 1세씩 상향 조정하여, 고령화 사회에 맞는 지속 가능한 복지 정책을 추진하고 있다. 이를 통해 노인들의 사회 기여 기회를 확대하고 재정적 자립도를 높이며, 국가 재정 부담을 완화할 계획이다.

또한 도시철도 및 시내버스 무임승차 연령을 조정하여 도시철도는 65세에서 70세로 매년 1세씩 상향하고, 시내버스는 75세에서 매년 1세씩 하향 조정하여 교통 복지의 균형을 맞추었다. 이 정책은 고령화 시대에 맞추어 복지 체계를 조정하면서도 실질적인 혜택을 지속적으로 제공하는 방향으로 설계되었다.

● 스마트 실버(smart silver) 기술 활용

고령층의 정신적·심리적 건강을 적극적으로 관리해야 한다. 새로 개발되는 첨단 기술은 노인의 인지 능력 저하와 신체 활동 감소를 사전에 감지하고 진단할 수 있다. 웨어러블 기기와 인공지능(AI) 기반의 건강 모니터링 시스템을 도입하면, 노인의 신체적·정신적 변화를 조기에 포착하여 적절한 대응이 가능하다.

또 고령층의 이동성과 안전을 지원하는 첨단 기술 개발이 필요하다. 로봇, 자율주행 기술 등의 IT산업을 활용하여 노인의 이동 편의를 증진하고, 안전한 생활 환경을 조성할 수 있다. 노인 대상의 금융 범죄 행위를 예방하기 위해 AI 기반의 보안 소프트웨어 및 핀테크 기술을 적극 도입해야 한다.

정부는 이러한 기술 발전을 지원하고 관련 산업을 육성하여, 노인이 더욱 안전하고 건강한 삶을 영위할 수 있도록 해야 한다. 이를 통해 노인 부양이나 간병 등에 대한 가정이나 사회의 부담을 줄이고 동시에 신산업을 창출하여 경제 성장에도 기여할 수 있을 것이다.

사람을 살리는 의료

● 의료 대란 해결

의료 대란 문제 해결을 위해서는 의사들과 협의하여 2,000명 증원안을 재검토해야 한다. 의사 단체 등과 머리를 맞대고 의료가 정상화하도록 해야 한다. 아울러 의료 개혁을 통해 연차적으로 의사를 늘려야 한다. 이는 국민의 생명과 건강을 지키는 필수적인 조치이다.

우리 의료 수가는 OECD 국가들과 비교했을 때 현저히 낮게 책정되어 있다. 이는 의사들이 충분한 보상을 받지 못하는 결과를 가져온다. 특히 고위험 중증 질환 치료 분야에서 이러한 문제가 더욱 두드러진다. 낮은 수가는 의료진의 과도한 업무 부담과 연계되며, 의료 서비스의 질 저하로 이어진다. 의료진이 과중한 업무에도 불구하고 낮은 보상으로 인해 이탈하는 현상이 발생하고 있으며, 이는 의료계 전체의 지속 가능성을 위협하고 있다.

또한 정부가 병상 관리를 통해 의료 자원의 수도권과 지방의 의료 격차 해소에 적극 나서야 한다. 지방의 중환자실, 응급실, 소아과와 같은 필수 과목이나 권역별 외상센터도 확충해 나가야 한다. 병상 관리도 병상수와 인력을 연계하여 필요한 곳에 적절히 배치될 수 있도록 해야 한다.

● 의보 개혁 - 환자 중심 체계

우리는 다양한 계층에서 의료 서비스 부족에 대한 분석이 취약하고 40년 전 의료 수요 패턴에 맞춰져 있어 변화하는 시대 흐름을 따라가지 못하고 있다. 의료 보험 개혁은 당장의 눈앞의 현실보다 미래지향적 관점에서 검토되어야 한다. 임기응변적 대응이 아니라 지속 가능하고 이해 당사자들의 최적의 만족을 가져올 수 있는 개혁이 가능할 것이다.

우선 국민 누구나 누려야 하는 보편적 의료 서비스 공급망과 개인 맞춤형 고급 의료의 공급망을 나누어 봐야 한다. 보편적 의료 서비스를 강화하는 한편으로 현재의 앞선 첨단 의료 기술과 4만 달러 소득을 가진 국민이 원하는 다양한 요구를 수용할 수 있어야 한다. 우리는 40년 이전부터 해오던 방식대로 병원이라는 기관을 통해 의료 서비스를 제공받고 있다. 이제 병원 중심에서 환자나 의사 개별 단위 중심의 공급망 구축이 필요하다.

AI 정보화 시대에 맞추어서 환자 중심으로 의료 공급 체계로 바꿔야 한다. 즉 의료 기관 중심으로 진료가 이루어지면서 개인의 의료 정보는 공유되거나 연계되지 못하고 있다는 것이다. 이를 '마이 데이터(my data)' 시대에 맞추어 환자 개인 단위로 정보 체계 인프라를 구축하고 환자의 요구를 중심으로 의료 공급 서비스를 다시 설계해야 한다.

금융 선진화

금융 산업은 규모가 큰 고부가가치 서비스 산업일 뿐만 아니라 경제를 움직이는 핏줄과 같은 역할을 담당하고 있다. 따라서 금융의 선진화는 질 좋은 일자리 창출과 경제의 활력 회복을 위해서도 필수적이다. 우리 금융 업체들은 국제 경쟁력을 갖추기 위해 필요한 기술 혁신, 글로벌 네트워크 구축, 브랜드 확립 등에서 상대적으로 미흡하다.

낙후된 금융 규제와 정부의 강력한 개입을 과감하게 혁파하고, 금융 산업의 선진화를 하여야 한다. 특히, 보호와 규제 중심의 패러다임에서 개방과 자율 중심의 네거티브 규제 방식으로 전환해야 한다. 일부의 금융 비리를 잡겠다고 검사 출신을 주요 직위에 임명하거나 검사를 파견하는 식의 낡은 대응으로는 선진 금융을 기대할 수 없다.

우리 금융 시장은 과도한 규제와 비효율적인 구조로 인해 글로벌 경쟁에서 뒤처지고 있다. 따라서 금융 시장의 혁신을 위해 더 많은 경쟁을 유도하고, 금융의 칸막이를 제거하여 창의적인 금융 상품과 서비스가 시장에 진입할 수 있도록 해야 한다. 일정한 조건만 충족하면 누구나 사업을 영위할 수 있도록 하여 스타트업과 중소기업이 금융 시장에 쉽게 진입할 수 있도록 해야 한다. 이를 통해 소비자에게 더 많은 선택권을 제공하고, 금융 서비스의 질을 향상시킬 수 있다.

● 금융 소비자 보호

소비자가 금융을 안심하고 활용해야 금융 산업이 발전한다. 금융 소비자 보호는 금융 약자를 보호함은 물론 금융 시장의 투명성과 공정성을 강화하는 것이다.

특히 취약 계층이나 금융 지식이 부족한 소비자를 보호하고 이들이 안전하게 금융 서비스를 이용할 수 있는 환경을 조성해야 한다. 금융 소비자 보호의 핵심 요소 중 하나는 금융 교육이다. 이는 금융 정보 격차에서 오는 불필요한 손실을 예방하고, 이에 따른 사회적 비용을 줄일 수 있다. 최근 문제가 심각한 전

세 사기 역시 임대주택을 이용한 일종의 금융 사기이다. 사후 대책도 필요하지만, 근본적으로 이런 정보 격차의 실패를 줄일 방안을 만들어야 한다. 매수자나 중개인이 매매 부동산의 정보를 더 쉽게 확인할 수 있게 하고 '실시간 인증'이 가능한 체계를 도입할 필요가 있다.

특히 펀드 판매와 관련된 여러 문제가 제기되고 있다. 펀드 판매 과정에서의 불완전한 정보 제공이나 불공정한 판매 관행은 소비자에게 큰 피해를 준다. 불완전 판매에 대한 소비자 보호를 위한 규제를 강화하고 금융 기관들에 모니터링을 강화해야 한다.

금융 범죄를 예방하고 억제하기 위해, 범죄로 얻은 수익금을 몰수하는 법적 절차를 강화해야 한다. 수익금 몰수는 금융 범죄의 유혹을 줄이고 범죄자가 얻은 불법 수익이 다시 시장에 유입되는 것을 방지한다. 최근 온라인 플랫폼의 별풍선, 슈퍼챗 등을 이용한 자금 세탁에 대한 추적을 강화하고 이익에 대한 과세 체계 구축을 서둘러야 한다.

제2부

**기업에게 자유를! 서민에게 기회를!
청년에게 꿈을!**

3.
첨단 미래 산업 육성

기술 패권 시대에는 국가의 번영이
과학기술의 경쟁력에 의해 좌우된다.
혁신 기술을 개발하고 투자를 확대해야
글로벌 기술 강국으로 자리할 수 있다.

초격차 기술 주도 성장

지식 기반 사회가 다가오고 AI 시대가 가속화되면서 세계는 새로운 '기술 패권 시대'를 맞이하고 있다. 국가의 생존과 번영이 과학 기술 경쟁력에 의해 좌우되는 시대이다. 기술 우위의 국가가 세계 시장 대부분을 점유하는 승자 독식이다. 2등은 살아남기 힘들며 이른바 '2등 전략'은 통하지 않는다.

우리는 지난 반세기 동안 '빠른 추격자' 전략으로 놀라운 양적 성장을 이루었고 연간 7만여 편 국제 논문을 출판하는 세계 4위의 특허 강국이 되었다. 그러나 세계를 선도하는 연구 분야가 거의 없고 기술 수출료보다 기술 수입료가 많은 기술 무역 수지 적자국이다. 이를 벗어나기 위한 연구 개발(R&D)에 대한 집중 투자가 필요하다.

정부 연구 개발 예산은 과학 기술에 대한 정부의 의지와 투자 규모를 파악할 수 있는 지표이다. 정부 연구 개발 예산은 2013년 13조 원에서 2023년 31조 원으로 증가했다. 최근 10년간 정부 R&D 예산은 매년 상승 곡선을 그렸다. 연평균 증가율이 6.42%다. 국내총생산(GDP) 대비 연구 개발비 비중은 이스라엘에 이어 세계 2위다. 막대한 금액을 연구 개발에 쏟아붓고 있는 것이다.

정부와 민간이 총력을 다해야 한다. '1명의 천재가 1억 명을, 하나의 첨단 기술이 10억 명을' 먹여 살린다. 노동 인구가 줄고 제조업 경쟁력이 약화되는 현실을 딛고 성장을 지속할 수 있는 길은 최첨단의 초격차 기술 개발과 상용화를 통한 시장 제패에 있다. 우리가 개발한 초격차 기술이 제품으로 상용화되어 세계 시장을 장악할 때, 경제는 살아나고 경제 성장률은 올라가게 된다.

'초격차 기술 주도 성장', 초격차 기술이 성장 엔진이 되는 시대, 이것이 선진 강국 경제의 성장 공식이다. 지금까지의 추격형 전략에서 벗어나 '초격차', '글로벌 선도형'의 최고(best), 최초(first), 유일한(only) 연구 개발에 더 많은 자원이 배분되어야 한다. 투자 재원을 마련하고 초격차 기술 개발에 과감하게 쏟아부어야 한다. 정부와 민간 부문이 협력하여 양자 컴퓨팅, AI 반도체, '상온 상압 초전도체', 첨단 바이오와 같은 '게임 체인저 기술'에 도전해야 한다. 이 분야에 향후 5년간 최소 50조 원 이상의 투자를 목표로 해야 한다.

또 항공 우주 분야의 투자도 늘려야 한다. 2030년 중반 달 착륙, 2040년 화성 도달을 위해 차세대 발사체 개발 등에 적극 나서야 한다. '달나라에 태극기를 꽂고, 탐사선이 화성 궤도를 돌 수 있도록' 투자를 늘리고 민관의 역량을 모아야 한다.

앞으로의 연구 개발은 새로운 지식이나 경제적 부가가치 창출에 기여하는 'U자형' 선도 연구를 지향해야 한다. 그리하여 우리 경제 규모 확대와 경제 성장의 견인차가 되어야 한다. 연구 개발(R&D)에서 기술 사업화(R&BD)로 패러다임을 전환해야 한다. 기술 개발을 선도하고 이 기술의 상용화를 통한 경제 이익이 늘어나고 이 수익의 일부가 다시 연구 개발에 투입되는 확장형 선순환 구조를 만들어야 한다.

이를 위해 연구 개발 결과를 사업화하여 시장에서 수익을 내는 것이 중요하다. 민간에 기술 이전을 촉진하고 상용화 지원을 확대해야 한다. 기술 이전 전담 기관을 만들고 연구자에 대한 성과 보상 체계도 정비해야 한다.

연구 개발은 실패를 통해 이루어진다고 해도 지나치지 않다. 실패를 두려워해서는 안 된다. 실패를 용인하지 못하면 선진대국으로 도약하기 어렵다.

또한 산·학·연 협업 생태계를 구축해야 한다. 대학에서 기초 연구를, 출연 연구소에서 응용 연구를, 기업에서 기술 사업을 위한 상용화 연구 및 제품 개발을 하므로 세 주체 간의 긴밀한 협업 관계가 매우 중요하다.

이러한 과제를 달성하기 위해 신설될 미래전략원을 중심으로 산·학·연 논의를 통해 '국가 경쟁력 강화 계획'을 수립하고 필요한 예산을 확보하여 실행해야 한다.

우리나라의 부족한 연구 자원으로 세계를 선도하는 연구 결과를 창출하기 위해서는 과학 기술 강국과 국제 공동 연구를 추진해야 한다. 특히 막대한 연구비가 소요되는 메가 프로젝트나 거대 시설이 필요한 메가 사이언스는 양국 혹은 다국가 간의 협업적 연구 수행이 효과적이다. 우리는 이미 핵융합 연구를 위한 국제 핵융합 실험로(ITER)등 다양한 메가 프로젝트에 참가해 괄목할 만한 성과를 내고 있다. 이러한 협력을 확대해야 한다.

과학 기술 협력을 위해서는 융합적 인재를 양성하고, 과학 참사관(science attache) 제도를 활성화하여, 주요 국가와 과학 기술 협력의 교량적 역할을 담당하게 하여야 한다.

또 연구 개발비 증가에 비례하여 인건비를 상향 조정하는 제도 개선과 연구 인력 확보를 위한 지원도 이루어져야 한다. 외국의 연구자와 기술자들을 쉽게 영입할 수 있도록 외국인 정주 여건을 개선하는 것도 중요하다. 글로벌 스탠더드에 의한 고용 계약 등 제도적 지원은 물론 국제 협력을 위한 연구비 지원을 대폭 확대하여야 한다.

ABB 산업 육성

● AI 산업 육성

미래 산업의 핵심 동력으로 떠오르는 ABB(AI, Blockchain, Big Data) 산업의 육성 또한 필수적이다. AI 산업의 발전을 위해서는 단순한 알고리즘 개발을 넘어 AI 시스템을 구성하는 전반적인 기술 역량을 확보하는 것이 중요하다. AI 하드웨어와 소프트웨어를 총체적으로 아우르는 시스템 지식을 갖춘 전문가를 양성하고, 한국어 및 한국 문화에 특화된 범용 AI 시스템을 개발하여 글로벌 시장에서 경쟁력을 확보해야 한다. AI 산업의 발전을 위해서는 기업과 정부가 장기적인 연구 개발(R&D) 투자와 산업 표준화를 함께 추진해야 한다.

AI 반도체 산업은 미래 기술 패권의 핵심이다. AI 반도체는 인공지능 시대의 경쟁력을 결정짓는 중요한 요소이다. 우리는 이미 삼성전자와 SK하이닉스 등 세계적인 반도체 기업을 보유하고 있다. 이를 기반으로 AI 반도체 생산 역량을 강화해야 한다. 국가 차원에서의 전략적 지원을 확대하고, 인공지능 반도체 분야의 연구 개발을 주도할 인재 유출을 막기 위해 지속적인 인력 양성 정책이 병행되어야 한다.

또한 반도체 소재·부품·장비(소부장) 분야의 기술 자립도를 높이는 것이 중요하다. 반도체 공급망을 외국에 의존할 경우, 외교적 갈등이나 무역 분쟁이 발생하면 심각한 공급망 위기를 초래할 수 있다. 이를 방지하기 위해 정부, 기업, 대학이 협력하여 안정적인 반도체 산업 생태계를 조성해야 한다.

중장기적으로 미래 반도체 클러스터의 분산이 필요하다. 대만, 일본 등 주요 반도체 생산국은 주요 생산 기지를 한 곳에 두지 않고 최소 세 군데 이상으로 분산하고 있다. 우리는 북한 장사정포 등 실질 위협을 대비한 경제 안보적 측면과 지역 균형 발전을 위한 지방 분산 측면을 고려해야 한다. 국가 전략 산업을 후방으로 나누고 집적 위험을 분산하는 것은 국가 미래를 위해 대단히 중요하다. 용인-평택-충주권 집중에서 대구-구미-군위 등 중부권으로의 분산을 적극 고려해야 한다.

반도체 산업을 외교 안보적 관점에서도 접근해 보아야 한다. AI 시대가 도래하면서 경제와 안보는 더욱 밀접해지고 있다. 미국은 자국 내에 반도체 투자를 더 많이 할 것을 강요하고 있다. 글로벌 반도체 공급망에서 우리의 역할과 비중이 늘어날수록, 한국 방어는 미국의 핵심 이익이 될 것이다. 우리 반도체 생산 라인을 후방으로 분산 배치하고 더 첨단화하여 AI 시대의 '신新애치슨 라인'으로 작동될 수 있도록 그 전략적 가치를 높여야 한다.

● 블록체인과 가상 자산 산업 육성
- 미국만큼(Up to America)

이제 블록체인과 가상 자산을 하나의 산업으로 육성하고 정부의 지원도 시작해야 한다. 우리 가상 자산 블록체인 업계에서 유니콘이 나올 수 있어야 한다.

이 분야는 규제 혁파가 최우선 과제다. 우리 실정은 할 수 없는 것을 구분하는 것보다 할 수 있는 것을 찾는 게 훨씬 빠른 지경이다.

우리도 미국을 기준으로 트럼프 행정부만큼 규제를 완화해야 한다(Up to America 전략). 이는 우리 글로벌 가상 자산 시장에서 경쟁력을 갖추기 위한 전략이다. 규제에서 육성으로 바꾸고 명백히 금지된 것을 제외하고 모두 허용하는 '네거티브 규제'로 대전환을 해야 한다.

누구나 은행 거래 계좌를 가지고 있듯, 가상 자산을 담는 지갑을 제공해야 한다. 이 '국민 지갑'을 통해 편리하게 가상 자산을 보관하고 옮기고 예치 이자를 받을 수 있도록 만들어야 한다. 이 지갑을 은행, 증권 등 자신의 금융 계좌와 연동하여 쉽게 가상 자산을 매매하고 현금화할 수 있도록 해야 한다. 오픈 뱅킹과 오픈 API(컴퓨터 및 프로그램의 연결)를 통해 금융 데이터를 공유할 수 있게 하고 핀테크 기업과의 협력 강화를 지원해야 한다.

또한 스테이블 코인(stable coin)이나 CBDC 유통을 위한 결제 시스템도 갖추어야 한다. 이렇게 되면 별도의 부담 없이 카드 기반 경제에서 디지털 화폐 경제로 전환되고 거래 편의가 높아진다. 특히 소상공인을 괴롭히는 이른바 '카드 수수료'를 원천적으로 없앨 수 있다.

CBDC(디지털 화폐, 예금 토큰) 도입을 서둘러야 한다. 지난해 한국은행과 대구광역시는 디지털 원화를 이용, 보조금을 지급하는 시범 사업을 검토한 바 있다.

이는 더 늦출 일이 아니다. 중국은 10여 년 전부터 디지털 화폐 도입에 적극 나섰고 상당한 수준에 이르렀다. 디지털 화폐는 전통적인 화폐의 발행과 유통, 재발행 비용을 크게 줄일 수 있다. 또 자국 통화의 국제화에도 기여할 수 있다. '디지털 원화'는 글로벌 코리아의 확대와 위상 제고에 큰 도움이 될 것이다.

암호 화폐 결제가 늘어나는 근본적 이유는 은행을 거치지 않음으로써 얻을 수 있는 신속성과 낮은 거래 비용이다. 전통적인 은행 송금으로 국가 간 결제를 하려면 며칠이 걸릴 수 있고 높은 수수료를 감당해야 한다. 반면 암호 화폐 결제는 블록체인 네트워크를 이용하기 때문에 실시간에 가까울 만큼 속도가 빠르고 중개자가 없어 수수료도 획기적으로 낮다. 은행 계좌 없이도 스마트폰과 인터넷만 있으면 결제를 수행할 수 있는 것도 장점이다.

스테이블 코인 발행도 늦출 이유가 없다. 일부에서는 우리 무역 거래의 10% 정도가 이미 미국의 대표 스테이블 코인인 '테더(USDT)'로 결제된다는 주장까지 하고 있다. 테더의 USDT나 서클의 USDC 같은 스테이블코인은 스트라이프, 페이팔 등과 결합해 결제와 송금 혁신을 가져오고 있다. 이제 우리 원화를 기반으로 하는 가칭 KWJP(Korean Won Joint Protocol) 발행을 적극 검토할 때다.

또 가상 자산 현물 ETF와 STO(토큰 증권) 도입, 일정한 심사를 통한 ICO 허용, 남는 전기로 비트코인 채굴 허용, 기업의 가상 자산 투자 허용 등이 우선적으로 이루어질 필요가 있다.

지금 운영되는 가상 자산 거래소는 특정한 자본금 요건을 충족해야 하며, 특정한 보안 기준을 준수해야 한다. 은행의 원화 계좌 허가를 받은 극소수 거래소는 혁신의 대가가 아닌 철통같은 규제의 보호막 속에서 엄청난 혜택을 누리며 독점과 특혜의 시비를 낳고 있다. 이는 시급히 개선되어야 한다.

비트코인과 같은 가상 자산의 시장 규모는 급격히 성장하고 있다. 이에 대한 규제가 대폭 완화될 경우, 우리 블록체인 기업들이 해외로 밀려 나가지 않고 국내에 거점을 두고 글로벌 가상 자산 시장을 이끌 수 있을 것이다.

아직도 디지털 코인이나 가상 자산을 투기나 도박의 일종으로, 자금 세탁의 수단으로만 인식하는 경향이 있다. 부작용은 차단하거나 최소화하는 대책을 만들면 된다. 내가 잘 모른다고 단편적 인식과 오해를 내세워 혁신의 발목을 잡고 도전 의지를 꺾어서는 안 된다. 특히 정부나 기관들의 무능과 보신주의, 발목 잡기는 이런 새로운 혁신 분야에서 많이 나타난다. 선진대국 시대는 보신주의와 발목 잡기로 절대 이룰 수 없다.

블록체인 기술은 다양한 산업에서 혁신을 일으킬 수 있는 잠재력을 가지고 있다. 블록체인을 단순히 가상 화폐로만 인식하는 편협함에서 벗어나, 일상생활에서 더 유용하게 활용할 수 있도록 해야 한다. 특히 블록체인 기술은 데이터의 변조가 불가능하여 투명성과 신뢰성을 제공한다. 중개자를 줄이면서 거래의 효율성을 높이고 비용을 절감할 수 있다. 특히 금융, 공급망 관리 등의 분야에서 효과적이다. 복지 수당을 디지털 화폐로 지급하면 사업 관리 비용 등 복지 전달 비용을 크게 줄일 수 있다. 복지 정책의 신속성과 효과성을 높이고, 사회적 안전망을 강화하는 데 기여할 것이다.

블록체인 기술을 공공 부문과 행정 서비스에 도입하고 가상 자산을 하나의 산업으로 육성하여 경쟁력을 갖출 수 있도록 해야 한다. 또 공공 부문에서 유용하게 활용할 수 있도록 노력해야 한다.

가상 자산 산업 보호

지난 2018년 단행된 폭압적 가상 자산 규제는 가상 자산 산업을 한순간에 암흑기로 몰아넣었다. 한국은 세계를 선도할 수 있는 기술력과 창의력을 가지고 있었음에도 금지와 억제 위주 정책으로 산업 잠재력은 무너졌고, 관련 기업은 해외로 탈출할 수밖에 없었다. 이 당시 자유한국당 대표로서 민주당 정부의 가상 자산 탄압에 맞섰다. 가상 화폐 업계와 간담회(2018. 1. 24.)를 열고 "가상 화폐 거래소 폐지는 있을 수 없으며, 헌법에 보장된 영업의 자유를 보장하겠다."고 약속하고 정부 정책 변경을 이루어 냈던 기억이 있다.

• 빅데이터 산업

정부의 적극적인 데이터 육성 정책이 절실히 필요하다. 우리는 디지털 정보화를 앞서나가면서 그동안 축적된 데이터는 매우 많다. 산업, 의료, 행정 각 분야의 흩어진 데이터를 모으고 AI에 이용될 수 있도록 변화해야 한다.

우리 빅데이터 정책 개선 방향은 명확하다. 우선 개인 정보 보호 법안을 보완하여, 기업들이 데이터 활용에 있어 불필요한 제약을 받지 않도록 법적 기반을 마련해야 한다. 또 스타트업과 중소기업이 데이터 분석 기술을 도입하고 사용할 수 있도록 재정적 지원과 교육 프로그램을 확대하는 것이 중요하다. 인재 양성을 통한 전문적인 데이터 분석 인력을 늘려야 한다. 이를 위한 교육 인프라와 커리큘럼이 마련되어야 한다. 글로벌 데이터 흐름과 표준화에 맞추어 미국 등 주요 선진국과의 협력을 통해 데이터 공유 및 활용의 새로운 기준을 마련해야 한다.

또 데이터 통합 플랫폼을 구축해야 한다. 기업이 데이터를 자유롭게 활용하고 사업 모델을 전환할 수 있도록 지원이 필요하다. 그리고 데이터 관련 기업에 대한 세제 혜택과 재정적 지원을 늘려야 한다.

대구광역시 - ABB 산업 육성

민선 8기 대구광역시는 5대 신산업의 하나로 ABB(인공지능

AI · 빅데이터 · 블록체인) 산업 육성에 주력해 왔다. 시청 공식 직제에 미래혁신성장실 산하에 'AI · 블록체인과', '빅데이터과'를 두고, 지방자치단체로서는 최초로 메인넷을 구축했다. 이는 블록체인 기술이 시민 실생활에 적용될 수 있도록 다양한 서비스를 제공하는 디딤돌이 되었다. 대구 메인넷은 블록체인 벤처 기업이 기술 개발이나 서비스 테스트를 위해 별도의 비용 부담 없이 마음껏 이용할 수 있도록 개방하고 있다. 대구는 ABB 산업의 중심지로 부상하며 다양한 성과를 거두고 있다. 구체적으로 반도체, UAM(도심 항공 교통), 로봇, 헬스 케어, ABB(인공지능 AI · 빅데이터 · 블록체인) 등 미래 신산업을 육성하는 정책을 펼쳤다. 수성알파시티와 동대구벤처밸리를 ABB 혁신 기업 유치 거점으로 조성하여, 인프라 확보와 관련 기업 및 인력 양성을 추진하였다.

특히 ABB 기술을 행정에 도입하여 행정 데이터 기반의 대구광역시 생성형 AI 모델 구축, AI 기반 '대화형 AI콜봇' 도입 등 다양한 AI 기술을 행정 서비스에 활용하여 시민 편익을 증진하고 행정 업무의 효율화를 도모하고 있다.

Web 3.0 시대

인터넷 혁명으로 세계가 연결되었고, 우리는 이를 기반으로 IT와 인터넷 강국으로 올라섰다. 이제 Web 3.0을 넘어 Web

4.0 시대로 나아가고 있다. Web 3.0의 핵심이 탈중앙화라면 Web 4.0은 인간과 기계 사이의 공생, 상호작용이 그 본질이다. Web 4.0은 인공지능, 사물 인터넷, 블록체인, 가상 현실 및 증강 현실과 같은 첨단 기술이 결합된 차세대 Web이다. AI로 학습한 로봇이 사물과 소통하고 가상 현실 과 현실을 넘나들며 인간의 업무를 대신하거나 도와주는 시대가 멀지 않았다. Web 산업의 변화는 눈이 부실 지경이고 변화 속도는 상상을 넘어선다. 이 변화의 흐름을 선도하지 못하면 우리는 뒤처지고 미래 Web의 주도권을 잃게 될 것이다.

Web 3.0은 데이터 소유권, 디지털 경제, 글로벌 경쟁력을 좌우하는 디지털 패권 경쟁이다. 지금껏 데이터는 글로벌 빅테크 기업들이 독점해 왔다. Web 3.0은 데이터 소유권을 개인에게 돌려주고, 중개자 없는 탈중앙화 경제를 만든다.

핀테크와 Web 3.0의 결합은 지속적으로 진행되고 있다. 핀테크는 금융 혁신의 핵심 요소로 자리 잡고 있다. 핀테크 기술을 활용하면 소비자들은 더 쉽고 빠르게 금융 서비스를 이용할 수 있다. 핀테크 산업 육성을 위해 화폐 단위를 조정하고, 금융 칸막이를 제거해야 한다. 우리는 1달러에 해당하는 화폐 단위를 네 자리 수로 표기해야 하는 나라다(1달러=1,450원). 선진국 중에는 우리가 유일하다. 1달러를 1.45로 표기하고 뒤의 000은 떼어내는 리디노미네이션도 고려할 때다.

그러나 우리는 여전히 낡은 규제 속에 갇혀 있다. 2018년 모든 코인 거래소를 폐쇄하겠다고 했던 이른바 '박상기의 난' 이래 크게 변하지 않았다. 그 사이 우리보다 뒤져 있던 나라들은 저만치 앞서 달리고 있다. 세계를 주도할 수 있는 기회를 놓쳐 버린 것이다. 혁신을 막는 규제, 암호 화폐와 블록체인을 도박 취급하는 법률, 기업들의 발목을 잡는 행정 이대로라면 우리는 기술 강국이 아니라 기술 소비국으로 전락할 것이다.

미국과 유럽, 일본은 이미 Web 기반의 경제 시스템을 허용하고 장려하고 있다. NFT, DAO(탈중앙화 자율 조직), 메타버스, 스마트 컨트랙트 기반 금융이 빠르게 발전하고 있다. 우리는 규제에 발목 잡혀 기업들이 해외로 나가고, 혁신을 실험조차 못 하는 상황이다.

지금 해야 할 일은 명확하다. 규제 혁파하여 Web 규제를 확 풀어야 한다. 특히 국민의 데이터를 해외 빅테크 기업이 독점하는 구조를 깨고 Web 3.0 시대에 맞게 저작권 관련 법령을 정비해야 한다. 그리고 국가 차원의 Web 인프라를 구축해야 한다. 블록체인 기반 공공 서비스 도입, NFT 기반 행정 시스템 구축, 스마트 컨트랙트 적용을 확대하여 Web 3.0을 현실화해야 한다. 또 Web 전문 인력을 교육하고 양성하는 한편, Web 4.0에 대한 대비도 관심을 쏟아야 한다.

교통 혁명 UAM 산업 선도

지금까지는 지상 자동차 시대였다면, 미래는 도심 항공 모빌리티(urban air mobility) 시대다. 지상 교통은 한계가 있고 도로 확장도 쉽지 않다. 우리가 선진대국으로 도약하려면 혁신적인 교통 혁명이 일어나야 한다. '하늘 고속도로'를 조기에 개통해야 한다.

UAM은 단순한 신기술이 아니다. 이것은 미래 교통 혁명이며, 우리 산업을 이끌 신기술의 총아이다. 도심과 도심을 바로 이어 출퇴근 시간을 절반으로 줄이고 공항을 거쳐 세계로 쉽게 나갈 수 있다. 관광 산업에도 도움이 되고, 의료·긴급 수송 등 여러 분야에서 활용될 수 있다. 일례로 대구광역시 버티포트에서 대구경북통합신공항까지 하늘 고속도로를 날아가면 20분 이내에 도달할 수 있다. 또 인천공항-서울, 대구-경주 등 거점 공항을 이어 주거나 대도시에서 인근 관광지로 빠르게 이동할 수 있게 한다.

UAM 산업 육성에 더 속도를 내야 한다. 정부의 기체 인증 등 제도 마련을 서두르고 민간의 기체 상용화 등에 더욱 힘을 쏟아야 한다. 이대로 가면 UAM 시장을 선점할 기회를 미국, 유럽, 중국 등에 빼앗기고 말 것이다.

민간 항공기 수준의 과도한 안전 기준은 높은 개발 비용을 요구해 투자에 소극적으로 만들거나 포기하게 만든다. 실제로 국토부가 지난해 진행한 한국형 UAM 실증화 사업에서 1단계를 통과한 기업은 하나도 없었다. 하늘 고속도로의 조기 개통을 위해 비행 규제를 예외로 하는 프리존을 확대하고 UAM 경로 개척과 운항 데이터 축적도 서둘러야 한다. 민간이 선도하고 정부는 이에 따라 도와주는 민관 합동 체제로 나아가야 한다. 기체 인증뿐만 아니라 실증 사업을 통해 관제 소프트웨어와 버티포트와 같은 인프라 표준도 선도해야 한다.

또 우리는 첨단 산업의 제조 능력을 보유한 몇 안 되는 나라이다. UAM 기체의 독자 개발 또는 해외 협력을 통한 생산과 상용화를 서둘러야 한다. UAM은 우리가 늘 관심을 가져야 할 미래 산업 중의 하나다.

UAM 육성

지난 경상남도 도지사 시절부터 UAM 시대를 대비해야 함을 강조해 왔다. 대구광역시에서는 한국항공우주산업(KAI)등과 협력하여 UAM 기체 개발과 부품 국산화를 추진하고 있다. 또 대구광역시는 2023년 'New K-2'(동촌 군공항 후적지)를 UAM 허브로 키우고 시 전역에 5개 버티포트를 설치하고 3X3노선을 선정하는 등의 기본 계획을 확정한 바 있다.

지식 서비스 산업의 선진화

우리 대기업의 생산성은 선진국에 비해 앞서거나 비슷한 수준을 유지하고 있다. 반면 서비스 산업의 생산성은 OECD 상위 국가의 50% 수준으로 매우 낮다. 그런데 서비스 산업이 고용의 70%를 담당하고 있어 우리 시간당 생산성이 매우 낮게 나온다. 한국의 시간당 생산성은 2022년 OECD 37개국 중 32위이다. 1위인 아일랜드는 시간당 162.5달러의 GDP를 생산하는 반면 우리나라는 50.1달러로 아일랜드의 30%에 불과하다.

생산성 향상 없이 근로 시간을 단축한다는 것은 가난하게 사는 것을 뜻한다. 한 직장에서 최대 근로 시간 규제를 강화하면 소득 보전을 위해 저소득자들은 투잡, 쓰리잡을 하기 위해 '저녁이 있는 삶'이 아니라 '저녁 먹을 시간도 없는 삶'을 강요받게 된다. 근로자들에게 근로 시간 단축 보다 중요한 것은 노동 생산성 향상이다. 적게 일하더라도 높은 생산성을 통해 같은 소득을 얻을 수 있을 때 근로 시간 단축이 가능하다고 본다.

고용의 70%를 차지하는 서비스업을 고부가가치 산업으로 전환하고 시간당 생산성을 높일 수 있도록 하는 것이 중요하다. 낮은 생산성을 탈피하기 위해서는 무수한 혁신이 필요하다. 또 관련 규제도 없애야 한다.

이 분야는 단순한 경제적 요인뿐만 아니라 정치 사회적 요인까지 복합적으로 얽혀 있다. 사회 전체의 전진과 공익 증진을 위한 과감한 정책 전환과 흔들림 없는 추진이 필요한 부분이다.

우리는 전 세계 소비자들이 이용하는 차량 공유 서비스, 숙소 공유 서비스 사업은 원천 봉쇄되어 있다. 명목상 허용되어 있더라도 숨은 규제로 인해 활성화되지 못하고 있다. 또한 절대 농지 제도라는 규제 때문에 이에 대한 골프장 등 레저 시설 건설이 차단되어 있다.

그리고 여러 서비스 산업이 기업화, 대형화하지 못해 규모의 경제를 통한 경쟁력을 확보하지 못하고 있다. 학교와 의료법인이 대표적인 사례이다. 이들은 모두 비영리로만 운영해야 한다. 또 의사, 약사, 변호사, 변리사, 공인중개사 등 정부가 자격증을 주는 대부분의 직종이 사실상 기업화가 막혀있는 셈이다.

선진대국 시대는 서비스 산업의 대전환과 규제 혁파를 통해 더 많은 공공의 이익과 사회적 편익이 나오도록 해야 한다. 이를 통해 장시간 노동, 경제 양극화, 일자리 문제 그리고 과도한 무역 의존에 따른 경제 불안정 등의 여러 경제 문제를 해결하는 데 도움이 될 수 있다.

제2부

**기업에게 자유를! 서민에게 기회를!
청년에게 꿈을!**

… 4.

강력한 국방, 튼튼한 안보

비상한 상황은 대응책도 비상해야 한다.
남은 것은 핵 균형밖에 없다.
핵에는 핵으로!
이것이 북핵 시대 우리의 유일한 방책이다.

남북 핵 균형 - 한미 신방위新防衛 전략

한반도의 핵 안보 상황은 급변하고 있다. 북한은 핵 무력을 헌법에 명문화했고 지속적으로 핵 전력을 증강하고 있다. 우리는 재래식 전력에서 북한에 우세하지만, 북한 핵무기를 고려했을 경우 따져 볼 것도 없다. 우리는 명백한 열세에 놓여 있다.

핵은 우리 안보의 실질적 요소가 되었고 한반도 안보는 북핵을 중심으로 돌아가게 될 것이다. 과거처럼 북핵 해결을 위한 4자 회담 등 다자 협의체가 작동될 경우 우리만 유일하게 핵보유국이 아니다. 한반도의 운명을 지키고 국익을 수호해야 하는 우리는 비핵국가로 남아 국제 무대에서 대등한 지위를 얻지 못할 수도 있다.

비상한 상황에서는 대응책도 비상해야 한다.

남은 것은 핵 균형밖에 없다.

핵에는 핵으로!

이것이 북핵 시대에 직면한 우리의 유일한 방책이다.

동맹과 안보까지도 일종의 비즈니스로 접근하는 트럼프 행정부가 들어선 것은 핵 균형을 확보할 기회일 수 있다. 한국의 핵 능력 확보가 오히려 미국의 포괄적 국가 이익 증진에 도움이 될 수 있다는 인식을 심어주어야 한다. 위기를 기회로 바꾸는 토대는 발상의 전환과 담대한 구상, 스트롱맨 리더십의 협상력, 하나 된 국민의 성원 등이다.

즉각 한미원자력협정 개정을 위한 한미 간 협의에 착수해야 한다. 우리가 핵 농축과 재처리를 실질적으로 가능하게 해야 한다. 우리 원전 고준위 폐기물의 재처리를 통해 폐기물의 부피를 줄여 처분 비용을 낮추고, 우라늄이나 플루토늄을 추출하여 원자로 연료로 활용할 수 있어야 한다. 당장 플루토늄이 추출되지 않은 파이로프로세싱(건식 재처리)에 대한 연구 개발을 서둘러야 한다. 이는 환경적·경제적 측면을 넘어 안보적 측면에서 매우 시급하고 중요한 문제이다.

'NATO식 핵 공유'를 통해 우리도 방어용 전술 핵무기의 운용 권한을 일부 확보할 수 있도록 해야 한다. 과거 주한 미군에 배치되었던 전술 핵무기를 다시 들여오는 방안을 협의해야 한다. 미국의 확장 억제(핵우산)가 충분하지 않을 경우, 우리는 필요시 독자적인 핵 개발을 검토해야 한다.

핵 균형 정책은 한미 동맹의 가장 공고한 형태이다. 충분한 신뢰와 협력, 양국 간 전략적 이익 공유 등을 통해 그 단계를 높여 나가야 한다. 핵 균형 확보는 한미상호방위조약을 얻어냈던 이승만 대통령의 결기와 의지, 자주국방의 토대를 만들었던 박정희 대통령의 결단과 용기, 그 이상을 요구할 것이다. 우리는 핵 균형이 담긴 '한미 신방위新防衛 전략', '신방위 조약'을 목표로 해야 한다. 그러나 북핵이 현실화된 이상, 애써 외면하고 무시하거나 북의 핵 위협에 굴종하며 평화를 구걸할 수는 없는 것이다.

강한 군사력과 외교력은 국가의 자주성과 안전, 국가 존엄을 지키는 가장 강력한 방패가 된다. 이를 위해 우리는 무장평화를 기반으로 한 자강自强 전략을 추진해야 한다. 우크라이나는 세계 3위의 핵 보유국이었음에도 핵을 포기했다가 결국 러시아의 침공을 받았다. 우리 스스로 지키지 못하면 외부의 도움도 한계가 있다. 핵 능력 강화와 자주국방은 우리 생존을 위한 사활적 과제이다.

핵 균형 정책·핵무장론

핵 능력 강화, 핵 균형론은 나의 '시그니처(signature) 정책 공약'으로, 2016년 '한반도 핵 균형 정책'을 주창하고 나선 이래 일관된 외침이었다. 지난 2017년 10월 야당 대표로 워싱턴을 방문했을 때는 전술핵 재배치 문제는 미국의 비핵화 정책에 배치된다고 입에 올리지도 못했다. 국내 일부도 미 핵우산 강화면 충분하며 우리 경제에 심각한 악영향이 올 것이라고 떠들었다. 이후 10년이 흐른 지금 북한 핵 능력이 고도화되고 핵 위협이 현실화되면서 우리 정치권은 누구나 핵 균형을 이야기하고 있다. 그리고 미국 조야의 분위기도 크게 바뀌어 핵 균형론에 대한 지지가 늘고 있다.

• '한미원자력협정' 개정

핵 균형을 이루기 위한 첫 번째 단계는 한미원자력협정을 개정하여 우리 핵 재처리 및 농축 능력을 실질적으로 보장받는 것이다. '한미원자력협정'를 비롯한 여러 국제 레짐은 우리 핵 연료 재처리와 농축을 제한하고 있다. 재처리 기술은 현 원전 부지에 임시 보관 중인 '사용 후 핵연료'를 가공하여 부피를 줄이고 핵무기의 원료가 되는 플루토늄을 얻는 기술이다. '사용 후 핵연료' 처분 문제는 더 이상 미룰 수 없는 지경에 이르렀다. 이를 통해 핵무기 원료를 확보함으로써 핵 무장 잠재력을 확보해야 한다.

핵 연료의 안정적인 공급을 확보하고, 우리의 핵 기술력을 강화하는 기반을 마련해야 한다. 농축 기술과 시설을 통해 우리 원전의 연료를 조달하는 것은 에너지 자립을 위해서도 매우 중요하다. 핵 능력 확충을 위한 레짐 해소, 전문 인력 양성, 핵심 기술 확보 등을 위한 투자는 아무리 강조해도 지나치지 않다.

● 방어용 핵무기(defensive nuclear weapons) 보유

우리는 재래식 전력만으로 북핵에 대응할 수 없으며, 실질적인 핵 균형 전략을 마련해야 한다. 북한의 핵 전력에 대응하기 위해 나토(NATO)식 핵 공유 프로그램을 도입해야 한다. 핵 균형을 유지하기 위해서는 우리가 핵 운용 권한을 확보하는 것이 필수적이며, 이를 위해 나토식 핵 공유 모델을 적용하여 미국과의 협력을 강화해야 한다.

또한 당장 주한 미군에 방어용 전술 핵무기를 재배치하는 방안을 적극 검토해야 한다. 미국이 확장 억제 전력으로 충분한 핵우산을 보장할 수 있다고 해도 유사시는 사정이 다를 수 있다. 미 본토나 일본에 있는 미군 기지에서 핵전력이 전개되는 시간 동안 우리는 북한 핵의 집중 공격을 받을 수 있다. 북핵 공격에 대한 즉각적 반격이 가능하려면 주한 미군의 전술핵 배치는 반드시 필요하다. 또한 주한 미군 핵전력 배치는 북한의 핵 도발을 억지할 수 있는 실질적인 효과도 기대할 수 있다.

한미원자력협정 개정을 통한 핵 능력 확보, 한미 핵 공유 협정이나 주한 미군 기지 핵무기 배치를 통한 억제력 강화, 더욱 강력한 한미 연합 대응 체계 구축 등이 핵심 전략이 되어야 한다.

● **필요 시 자체 핵 개발**

미국의 핵우산(확장 억제)이 충분하지 않을 경우, 우리는 독자적인 핵 개발에 돌입할 준비를 해야 한다. '북한이 ICBM(대륙 간 탄도 미사일)이나 SLBM(잠수함 발사 탄도 미사일)' 등 장거리 핵 타격 능력을 확보하여 미국 본토를 위협할 경우에도 우리를 지켜줄 수 있는가, 미국이 북한의 장거리 미사일을 없애는 대신 핵 보유를 용인하는 스몰 딜이 현실화될 경우 우리의 핵안보는 누가 지켜야 하는가'라는 문제가 나온다. 이런 질문에 대한 분명한 대안이 없다면 우리의 접근은 달라져야 한다. 국방 안보는 모든 경우의 수를 가정해야 한다. 단 1%의 허점도 허용되지 않기 때문이다.

북한의 핵 위협이 대단히 현실화되고, 미국의 핵 억지력이 한반도에서 충분한 역할을 하지 못한다면, 우리는 많은 다른 요인을 희생하고 감내하더라도 핵 자주권을 확보하는 방향으로 전략을 전환할 필요가 있다.

● 한·미·일 핵 안보 협력 강화

한미 또는 한·미·일의 북핵 공격 대응과 3국 협력을 위한 합의를 발전시킬 필요가 있다. 한미상호방위조약 부속 문서 형태의 합의를 통해 한미 동맹 차원에서 미국의 핵 보호 의무를 구체적으로 명시하고 현실적인 핵 균형 전략으로 전환하는 것을 협의해야 한다. 이에 필요한 비용과 부담은 우리 핵 안보 비용으로 여겨야 할 것이다.

한미 간 핵 협력 강화를 통해 우리 안보를 확실하게 보장하고, 핵 균형을 유지하는 것이 최우선 과제다. 핵 균형의 전략적 유연성을 확보하고, 실질적인 억제력을 갖추어야 한다. 핵 균형 전략을 수립하고 한미 간 긴밀한 협력을 통해 북한의 핵 위협을 근본적으로 차단하는 것이 필요하다.

우리는 모든 가능성을 열어두고 핵 능력 강화를 위한 연구·개발 역량을 확충해야 한다. 원료, 기술, 자금 등 기술적, 정책적 준비를 철저히 갖추어 핵 잠재 능력을 키우고, 국제 핵 외교를 강화하여 국제적 지원과 동의를 이끌어 내는 노력이 중요하다.

북핵 대응 능력을 강화하고 핵무장을 하는 것은 국가의 명운을 건 마지막 선택이다. 누구도 우리를 지켜줄 수 없을 때, 동맹이 자신의 안위만을 위해 몸을 사릴 때, 믿을 것은 오직 우리 자신뿐이다. 우리 안보와 국민의 생존을 위한 최후의 보루인 셈이다.

국익 우선 외교

글로벌 경제 환경이 변화하면서, 공정하고 신뢰할 수 있는 자유 시장 경제를 옹호하는 것이 더욱 중요해지고 있다. 특히 트럼프 대통령의 2기 출범으로 관세 장벽이 높아지고 보호 무역주의가 고조될 가능성이 커졌다. 우리의 대미 통상 전략을 재정립하고, 자국의 국익을 극대화하기 위한 방안을 모색해야 한다. 그리고 우리는 대미 통상 전략을 재정립하고, 관련국과의 협력을 강화하며 해외 기업 유치 및 초격차 기술 개발에 힘써야 한다.

● 스트롱맨 리더십

미국의 트럼프 대통령은 제1기 행정부 시절 국제 정치 무대에서 전통적인 외교 관례를 때로 무시했다. 철저한 비즈니스적 협상 전략을 통해 미국 우선주의(America first)를 앞세운 정책을 추진했다. 우리는 지난 트럼프 행정부 시절 방위비 분담금 증액 요구, 미·중 무역 전쟁, 대북 정책 변화 등 다양한 압박을 받았다.

트럼프와 같은 비즈니스 외교 스타일은 기존의 외교 전략으로는 대응이 어렵다. 미국과 같은 강대국이 자국의 이익을 극대화하기 위해 현실적이고 공격적인 협상 전략을 펼칠 때, 우리도 이에 맞서는 전략적 대응 능력을 키워야 한다.

일례로 나는 지난 2017년 트럼프 1기 당시 미국의 한미 무역적자 감축 압박에 대응하기 위해 우리가 알래스카의 천연가스(LNG)를 수입하거나 미국 원유를 직도입하는 방안을 제시한 바 있다. 중동의 천연가스는 수 주일이 걸리지만, 알래스카는 대략 8일이면 동해항 등으로 들여올 수 있고 가격도 비교적 저렴하다. 이 제안은 지금도 유효한데, 미국의 통상 압력 완화를 위해서는 알래스카 천연가스 가스관 건설과 가스 도입 사업에 과감하고도 선제적으로 참여하는 것도 필요하다.

Strong man에는 강단과 배짱을 가진 Strong man이 맞서야 한다. 국익 비즈니스는 그에 상응하는 비즈니스 방식으로, 선린 우호 외교는 정통 외교적 방식으로, 탄력적으로 대응해야 한다. 장사꾼에는 장사꾼 방식으로 맞서야 한다는 것이다.

- 미국과의 협상에서는 철저한 실리 외교를 기반으로 방위비, 무역, 기술 협력 등을 조율해야 한다.

- 중국과의 관계에서는 경제적 협력을 유지하면서도, 외교적 균형을 유지할 수 있도록 해야 한다.
- 북한 문제에서는 미국과의 협력을 강화하되, 대한민국의 독자적인 안보 전략을 수립해야 한다.

지난 트럼프 행정부 시절 우리는 방위비 분담금 협상에서 큰 압박을 받았다. 2기 트럼프 행정부는 관세, 무역 등 여러 분야에서 그보다 더 심한 요구를 해올 가능성이 높다. 스트롱맨 리더십으로 비즈니스적 협상 전략을 활용하여 국익을 지켜내야 한다. 외교는 감정이 아니라 전략이다. 지금 우리에게는 이를 해낼 강단 있는 지도자가 필요하다.

● 대미 통상 전략

한국은 미국과의 통상 관계에서 미국의 편에 들어가되 실익을 챙기는 전략을 채택해야 한다. 이는 단순히 미국의 요구를 수용하는 것이 아니라, 한국의 산업과 경제에 실질적인 이익을 가져오는 방향으로 나아가야 한다. 그리고 양국이 가진 산업의 장점을 융합하여 세계 시장을 제패하는 비즈니스 파트너가 되어야 한다.

특히 우리는 미국의 몰락한 제조업을 부활시키는 일을 도울 수 있다. 우리가 기술과 장비, 부품을 공급하는 공급처로서 큰 역할을 해야 한다. 그리고 한국의 기술과 미국의 외교력을 통해 상호 협력함으로써 더 큰 공동의 이익을 확보해야 한다. 둘이 함께 세계 시장에 진출하고 이를 발판으로 삼아 군사 안보 동맹을 넘어 경제 기술 산업 동맹 관계로 발전해야 한다. 한국수력원자력과 웨스팅하우스 원전 협력은 좋은 사례이다.

미국 주도 서플라이 체인(Supply Chain)에 참여해야 한다. 한국은 조선업, K-방위 산업, D램 반도체, SMR(소형 모듈 원자로) 등 '자유(서방) 진영의 보루^{堡壘} 산업'을 중심으로 국익을 극대화하기 위한 협력을 강화해야 한다. 미국이 한국을 핵심 파트너로 여기고, 한국과의 협력이 미국의 더 큰 이익이 됨을 인식하도록 해야 한다. 그리고 한국은 이러한 기회를 활용해 미국이 강화하려는 글로벌 공급망(Global Value Chain)에서 입지를 강화해야 한다.

미국은 중국과의 패권 경쟁 속에서 해군력을 강화하려 하고 있다. 하지만 제한적인 미국의 조선업 역량만으로 부족하다. 세계적인 경쟁력을 가진 우리 조선업이 미 해군과 협력을 통해 큰 성장을 기대할 수 있다. 벌써 선박 MRO(정비, 수리, 운영) 계약을 체결했다. 또한 우리는 선박 엔진 분야에서도 세계적인 수준을 보유하고 있다. 이는 군사력 증강을 위해 제조업이 필요한 미국의 수요와 맞물려 그 일익을 담당하여 미국 안보를 위한 공급망에서 중요한 역할을 할 수 있다. 이는 방위 산업 수출을 확대할 많은 기회를 창출할 것이다.

우리는 메모리 반도체 분야에서 약 70% 이상 높은 세계 시장 점유율을 확보하고 있다. 4차 산업의 핵심 부품으로서 AI와 디지털 신산업을 주도하는 미국과 경제적 연계를 더욱 강화할 수 있다. 또한 한국 기업들은 미국의 기술 기업들과 협력하여 새로운 반도체 기술을 개발하고 있다. 이러한 협력은 한국과 미국이 첨단 기술을 보유하고 성장시켜 글로벌 시장에서 경쟁력을 유지하는 데 도움을 준다. 따라서 미국은 한국의 기술력을 바탕으로 자국의 반도체 산업을 강화하려고 하려고 하고 있다. 이는 한국과 미국 간의 경제적 연계를 더욱 강화시킬 것이다.

한국의 소형모듈원자로(SMR) 기술은 미국의 에너지 정책과 맞물려 주목받고 있다. 이를 통해 양국 간 에너지 협력을 강화할 수 있다. 특히 한국은 원자력 발전 건설에 필요한 기자재 등을 차질 없이 공급할 수 있는 서방세계 최고 수준의 기술과 생산능력을 보유하고 있다. 이를 통해 미국과 한국이 손을 잡고 세계 원자력 발전 시장을 제패할 충분한 역량과 잠재력을 가지고 있다.

한국에서도 중국이 제패하고 있는 LFP 배터리 개발을 완료하고 양산 준비가 이루어지고 있다고 한다. 중국 바깥 비중국권에서 생산되는 최초의 배터리이다. 중국 배제 정책을 쓰는 미국으로서는 동맹국 한국이 개발한 LFP 배터리 기술이 대단히 매력적일 수 있다. 한미 LFP 배터리 협력도 강화되어야 한다.

미국의 패권주의를 극복하는 슬기롭고 스마트한 접근이 필요하다. 한국의 첨단 제품 제조 능력, 산업 기술력이 미국의 포괄적 국익을 위해서도 꼭 필요하다는 것을 분명히 각인시켜야 한다. 한미가 함께 할 때 더 큰 시장이 열리고 더 큰 이익이 있음을 트럼프 정부에 보여주어야 한다.

힘의 균형을 통한 대북 평화 공존

대북 정책은 "힘의 균형을 통한 평화 공존"을 기본 원칙으로 삼아야 한다. 남북 관계에서 무리한 개입과 간섭을 지양하고, 7.4 공동 성명의 원칙을 준수하여 '남북 불간섭' 기조를 유지하는 것이 바람직하다. 일정한 '호의적 무관심(benign neglect)' 개념을 적용하여, 불필요한 긴장과 대결을 지양하면서 화해를 모색하는 방향으로 정책을 운영해야 한다.

우크라이나 전쟁 이후 북한은 러시아에 대한 무기 수출 및 군사적 지원을 강화하며, 경제적·외교적 활로를 모색하고 있다. 또 당헌과 헌법 개정을 통해 '남북 2 국가론'을 명확히 하며, 남한과의 연관을 점진적으로 단절하는 행보를 보이고 있다. 특히 핵 무력 증강을 지속하며 군사적 역량을 강화하는 데 집중하고 있다. 이러한 변화 속에서 우리는 북한과의 불필요한 대립을 피하면서도, 확고한 힘을 기반으로 한 균형 외교를 통해 안정적인 평화 공존을 유지하는 전략이 필요하다.

이미 남북한은 UN 및 국제기구에 각각 가입하여 국제적으로 별개의 국가로 인정받고 있다. 북한이 독자적인 군사·경제 노선을 강화하는 상황에서 대한민국 역시 국제 사회의 일원으로서, 대북 정책을 보다 현실적이고 주도적인 방향으로 운영해야 한다.

● 남북 서울·평양 대표부 설치

우리 헌법과 북한의 '남북 2 국가론'을 모두 고려하여, 서울과 평양에 각각 '상호 대표부'를 설치하는 방안을 제안하는 것도 신중히 검토해야 한다. 이는 우리와 대만과의 관계에서 볼 수 있듯이, 현행 헌법의 정신을 유지하면서 공식적인 국가 승인 없이도 실질적인 외교적 기능을 수행할 수 있는 모델이다.

북한과의 관계를 재정립하고, 남북 간 최소한의 소통 창구를 유지하는 것은 한반도의 안정과 우리의 국익을 고려할 때 반드시 필요한 조치이다. 상호 대표부를 통해 남북 간 경제·문화 교류를 추진하고, 필요할 경우 외교적 협상을 진행할 수 있다.

- 남북 관계를 실질적인 외교적 틀 속에서 관리
- 상호 대표부를 통해 '잠정적 특수 관계' 유지 및 상호 협력 채널 유지
- 남북 간의 불필요한 긴장을 줄이면서, 실사구시의 교류 협력 추진

이러한 정책을 통해 남북 관계를 보다 현실적이고 전략적인 방향으로 전환하고, 힘의 균형을 통한 평화 공존으로 나가야 한다.

강한 안보 – 선진 정예 강군 건설

북한의 핵미사일 위협이 지속적으로 고도화되는 상황에서, 우리의 선제 타격과 방어 능력을 획기적으로 강화해야 한다. 이를 위해 한국형 아이언돔을 포함한 미사일 방어 체계, 3축 체계, 군사 위성, 원자력 잠수함 전력 확보를 최우선 과제로 추진해야 한다.

또한 국방·군사 분야의 혁신이 필요하다. 우크라이나전은 전장 상황과 전투 양상을 크게 바꾸어 놓았다. 첨단 과학 기술 발전과 로봇 시대가 본격화되면서 이를 전투에 응용하고 전력화하는 선제적 대응이 필요하다. 동시에 사이버 안보 대응, ABB 기술 도입 등에 대한 과감한 적용이 시급하다.

● 3축 체계

한국형 아이언돔 구축

한국형 아이언돔 구축을 통해 미사일 방어 능력을 강화해야 한다. 북한의 장사정포 및 단거리 미사일 공격에 대응하기 위해 이스라엘의 아이언돔과 같은 다층 방어 체계를 구축하고, 우리나라 전역을 방어할 수 있도록 미사일 요격 시스템을 발전시켜야 한다. 수도권과 주요 군사 시설, 산업 중심지를 보호하기 위한 미사일 방어 능력을 획기적으로 개선해야 한다.

최근 갱도 내부의 장사정포를 잡을 수 있는 케이티즘(KTSSM, 우레)미사일이 실전 배치되었다. 사업 검토부터 전력화까지 무려 15년이 걸렸다. 장사정포와 미사일 방어는 선제 타격이 매우 중요하다.

3축 체계의 고도화

3축 체계를 완성하여 선제 타격 및 대응 능력을 극대화해야 한다.

- 킬체인(Kill Chain): 북한의 핵미사일 위협이 감지될 경우, 즉각적인 선제 타격을 가할 수 있는 능력을 갖춰야 한다.
- 한국형 미사일 방어체계(KAMD): 적의 미사일을 요격할 수 있는 체계를 구축하고, 다층 방어망을 강화해야 한다.
- 대량응징보복(KMPR): 북한의 도발 시 즉각적인 보복 공격을 통해 핵 사용을 억제할 수 있는 강력한 응징 태세를 유지해야 한다.

첨단 군사 위성을 확보하여 감시와 정찰 능력을 강화해야 한다. 북한의 핵미사일 활동을 실시간으로 감시할 수 있도록 우리 독자적인 군사 위성을 운용해야 하며, 정찰·통신·조기경보 위성 체계를 확대 구축해야 한다. 한미 정보 협력을 강화하는 동시에, 독자적인 감시·정찰 능력을 보강하여 정보전에서 우위를 확보해야 한다.

원자력 잠수함 전력을 확보하여 해양 작전 능력을 극대화해야 한다. SLBM(잠수함 발사 탄도 미사일)을 장착한 원자력 잠수함은 매우 시급한 전략 자산이다. 원자력 잠수함을 보유하면 장기간 수중 작전이 가능하며, 북한의 핵미사일 발사를 사전 탐지하고 대응할 수 있는 전략적 우위를 점할 수 있다. 해군의 억제력과 타격 능력이 대폭 향상되며, 동북아 해양 안보에서 전략적 균형을 유지할 수 있다.

• 5군 체제

해병특수군, 국군우주사령부 신설

우리 무장 평화 전략을 더욱 강력하게 구축하기 위해 '해병특수군'과 '국군우주사령부'를 신설하여 '5군 체제'로 전환한다. 기존의 육해공군에 특수군과 우주군을 신설하는 것이다.

우선 국가전략기동군으로서 '해병특수군'을 신설하고, 유사시 상륙·침투·기습 능력을 대폭 강화해야 한다. 육군의 특수

전사령부와 해병대사령부를 통합하고 해병특수군 총장은 4성 장군으로 보임한다. 북한은 전략로켓군과 2017년 특수작전군을 설치하여 5군 체제로 전환했다. 특수 11군단(일명 폭풍 군단)을 포함한 20만 명에 이르는 세계 최대 규모의 특수군을 보유하고 있다. 북의 후방 침투를 막고 유사시 북 최고지도부와 북핵을 통제하기 위해서는 대북 침투 역량을 크게 강화해야 한다. 이는 '능동적 억지'를 위한 공세 위주의 정책 전환의 상징이다. 해병특수군은 고속 상륙, 침투 작전, 대테러 및 특수 정찰 임무를 한미 연합 또는 독자 작전을 수행할 수 있도록 침투 자산을 크게 확대해야 한다. 또한 공군·해군 합동 작전 체계를 보강하고 드론, 무인 체계, 첨단 장비를 도입하여 미래전에 대비한 최강의 전투력으로 발전시켜야 한다.

국군 우주사령부 창설도 서둘러야 한다. 이를 통해 기존 우주 항공 전력과 자산을 통합하고 한미 연합의 우주 전쟁 개념도 도입해야 한다. 우주 작전의 압도적 대북 우위는 북한의 핵 우위를 억제하는 매우 중요한 접근 전략이다. 우리 군이 선제적으로 준비하고 대비해야 한다.

미국은 일본과 이미 우주 군사 동맹을 맺고 작년 말 일본에 주일 우주군사령부를 창설했다. 자체 GPS를 갖고 있는 일본은 군사용 첩보 위성도 10기를 보유하게 되어 있어 미국과 진정한 의미의 우주 군사 동맹이다.

우크라이나는 미국의 스타링크 상용 통신망을 이용해 지휘

통신 체계를 유지하고 고해상도 영상 정보를 통해 반격과 공세 작전을 수행했다. 최초의 상용 우주전인 셈이다.

앞으로 우리는 국방 우주 네트워크를 구축해 감시 정찰, 통신 위성 등 다양한 우주 자산을 연결하고 지구상 육해공군 무기 체계와의 연동해 통합적이고 다차원적인 작전 능력을 확보해야 한다. 또한 민·군이 힘을 모아 새로운 패러다임의 우주 무기 체계 개발 전략을 마련해야 한다.

우리는 세계 경제 대국이자 첨단 IT 강국임에도 불구하고, 우주 안보 분야에서는 아직 걸음마 단계에 머물러 있다. 우주 시대의 새로운 안보 환경에 대응하기 위해서는 우주를 단순한 과학 기술의 영역이 아닌, 국가 안보와 직결된 핵심 전력으로 인식하고 적극적인 투자와 노력을 기울여야 할 때다.

● 모병제 대폭 확대

미래전의 양상은 병사 숫자가 승패를 좌우하지 않는다. 병력 숫자가 아니라 첨단 기술과 무기에서 판가름 된다. 무인 체계를 도입하고 인공지능(AI)을 접목한 무기를 개발하고 로봇을 활용한 전투 체계도 갖추어야 한다. 무엇보다 이런 시스템과 첨단 무기를 잘 다룰 수 있는 전문 병사의 숫자와 능력이 중요하다. 저출산 시대를 맞아 우리의 병력 부족도 심각하다. 2018년 기준 상비군 병력 60만 명 가운데 현역병은 65%(39만 1,000명)

를 차지했지만, 2032년부터는 18만 명 이하로 줄어든다.

앞으로 모병제를 확대해 남녀 모두가 가고 싶은 군대를 만들어야 한다. 자신의 적성과 희망에 따라 군에 입대한 모집병들은 자부심과 소명감을 갖고 높은 사회·경제적 대우를 통해 최고의 전투력을 발휘할 수 있다. 또 하사관 이상의 직업 군인을 확대하면 양질의 일자리를 만들 수 있다. 징병제를 축소하고 모병제를 확대하고 일부 영역은 전면적으로 실시할 필요가 있다. 또한 그간 사병들의 복지와 처우에 집중했다면 이제는 직업 군인과 군의 중간 허리층에도 더 관심을 가져야 한다.

● 군 가산점 도입

이제는 군 가산점을 도입해야 한다. 군 복무자가 공직에 진출할 때 합리적인 범위 내에서 가산점을 주는 것은 아무런 문제가 없다. 국가를 위해 헌신한 제대 군인을 올바로 예우하는 것은 선진대국의 기본이다. 군 가산점 문제는 오랫동안 논란이 되어 왔으나, 남녀의 성별을 떠나 남성이든 여성이든 구분 없이 군 복무자는 모두 혜택을 받을 수 있고 가산점의 규모도 합리적 범위로 조정하면 된다. 현역병 부족이 심각해지는 상황에서 군 복무자를 예우 함으로써 병력 보강에 도움이 되고 임용 공무원이 특정 성별에 편중되는 현상도 완화할 수 있다.

또 군의 사기와 명예를 드높여야 한다. 군은 명예를 먹고 사는 집단이다. 무엇보다 군인들의 제복이 명예로울 수 있도록 해야 한다. 휴가 장병의 밥값을 내주는 문화, 군인의 헌신에 감사할 줄 아는 사회, 국가를 위한 희생에 충분한 보훈을 하는 나라, 이런 게 선진대국의 모습이다.

군은 외적으로부터 나라를 보호함으로써 자유 민주주의를 지키는 최후의 보루가 되어야 한다. 이를 위해 헌법 교육과 정신 교육을 강화하고, 문민 통제 원칙을 확립하여 군이 정치적 중립성을 철저히 유지하도록 해야 한다. 군이 자유 민주적 헌법 질서를 수호하기 위한 국토방위 임무에 전념하도록 해야 한다. 국방 문민화를 견지하면서도 강한 전투력을 유지할 수 있도록, 군의 전문성과 실전 대응 능력을 극대화해야 한다.

● 글로벌 무기고 – 글로벌 K-방산 육성

K-방산 육성 – '자유 진영의 무기고'

우리 방위 산업(K-방산)을 '자유 진영의 무기고'로 자리를 잡도록 글로벌 전략 산업으로 육성해야 한다. K-방산은 단순한 군수 산업을 넘어, 우리 경제의 핵심 성장 동력이자 국가 안보를 뒷받침하는 중요한 산업으로 발전해야 한다.

우리는 일부 분야에서 첨단 무기 체계를 개발·생산할 수 있는 기술력을 확보하고 있다. K-방산은 세계적으로 경쟁력을 인정받고 있다. 폴란드, 호주, 이집트 등 주요 국가들과의 방산 수출 계약을 통해 우리 방산 기술의 우수성이 입증되었다. 이를 기반으로 세계 방산 시장에서 입지를 더욱 확대해야 한다. 방위산업을 글로벌 전략 산업으로 육성하기 위해서는 국가 차원의 체계적인 지원과 산업 구조 고도화가 필수적이다. 방위사업청의 전문성을 높이고 방산 협력 업무의 자율성을 강화해야 한다. 주요 국가와의 군사 협력을 강화하고, 방산 네트워크를 확대하여 우리가 '자유 진영의 무기고'로 확고하게 자리 잡을 수 있도록 해야 한다.

ADD(국방과학연구소) 강화 및 지원 확대

우리 국방력을 한층 더 강화하기 위해 박정희 대통령 시대의 자주국방 산실인 국방과학연구소를 더욱 확대하고 보강해야 한다. 민간 방산 기업과의 협력을 강화하여 미래전에 대비한 첨단무기 개발 역량을 극대화해야 한다. 특히 전자기펄스(EMP:Electromagnetic Pulse)폭탄, 첨단 유도 무기, 인공지능(AI) 기반 전투 시스템 등 미래전에 필수적인 첨단 전력과 기술 개발에 집중해야 한다. 이를 위해 국방 연구 개발 예산을 증액하고, ADD의 연구 인프라를 확장하며, 최고 수준의 연구진을 확보할 수 있도록 적극적인 지원이 필요하다.

• 국방 ABB를 통한 군사 혁신
(revolution in military affair: RMA)

국방 분야에도 ABB(AI, 빅데이터, 블록체인)의 전면 도입이 필요하다. 미래 전장은 드론, AI, 로봇이 도입되고 전투 양상도 달라질 것이다. 무엇보다 군 운용 유지 측면에서 저출산 여파에 따른 입대 장정 부족, 지원병 부족으로 군인 정원은 늘 부족한 상태이다. 최신 무기 도입도 이제는 운용 인력 확보에 영향을 받는 시대가 온 것이다. ABB가 국방과 방산에 도입되면 최적의 대비 태세로 최고의 대비효과를 낼 수 있고 병력 부족을 보완하는 데 도움이 된다.

미국의 '팔란티어' 회사는 AI로 군사 데이터를 분석하고 이에 맞는 전략을 수립하는 방산 기업으로 우크라이나전에서 큰 역할을 했다. AI 분석을 통해 싸구려 드론이 수억 원짜리 미사일의 효과를 낼 수 있도록 하는 것이다. 이런 국방 AI의 도입은 북한 전력을 분석하고 최적의 방어체계 구축을, 반대로 최고의 공세 전략을 수립하는데 기여할 수 있다.

또 방위 산업 경쟁력을 극대화하기 위해 이스라엘 모델을 도입하여 첨단 국방 벤처 기업을 활성화하고, 비전투 부문을 민간에 개방해야 한다. 이스라엘은 방산 기술력을 바탕으로 세계적인 국방 스타트업과 벤처 기업을 육성하며, 이를 통해 자국 방위력 강화와 방산 수출 확대를 동시에 실현하고 있다. 우리도 이런 모델을 벤치마킹하여 국방 기술 개발을 혁신적으로 발전시켜야 한다.

첨단 국방 벤처 기업을 활성화하기 위해 민간기업이 국방 기술 개발에 적극 참여할 수 있도록 지원을 확대하고, 군과 민간의 협력 체계를 구축해야 한다.

비전투 부문은 민간에 개방하여 군의 효율성을 극대화하고, 군이 전투력 강화에 집중할 수 있도록 해야 한다. 군수 물자 조달, 군사 물류, IT 시스템 운영, 교육·훈련 시스템 등 전투력이 직접 요구되지 않는 분야는 민간 기업이 운영하도록 개방하여, 국방의 효율성을 높이고 운영 비용을 절감할 수 있도록 해야 한다.

국방 군수 분야의 효율성을 극대화하고, 예산 낭비와 비효율을 제거하기 위해 ABB(AI, 빅데이터, 블록체인) 기반의 첨단 관리 체계를 도입해야 한다. 군수 조달, 물류 관리, 예산 집행, 운영 유지 등 국방 전반에서 디지털 혁신을 통해 투명성을 높이고, 실시간 데이터 분석을 기반으로 최적의 자원 배분이 이루어지도록 해야 한다.

AI와 빅데이터 분석을 활용한 스마트 국방 조달 시스템을 구축하면, 군수 물자 수요를 정밀하게 예측하고, 최적의 구매 및 배분이 가능해진다. 또한 AI 기반 유지보수 및 정비 체계를 적용하면 무기·장비의 작전 가동률을 극대화할 수 있으며, 불필요한 예산 낭비를 줄일 수 있다.

블록체인 기술을 적용하여 국방 조달과 예산 집행의 투명성을 강화해야 한다. 블록체인 기반의 스마트 계약 시스템을 도입하면 군수 계약 과정에서 부정부패를 차단하고, 모든 거래 내역을 실시간으로 추적할 수 있다. 이를 통해 국방 예산이 낭비되지 않고, 효율적으로 운영되도록 해야 한다.

ABB 기술을 국방 분야에 적극 도입하여 디지털 기반의 스마트 국방 체계를 구축하고, 예산 낭비 없는 최적의 국방 운영을 실현해야 한다. 이를 통해 첨단 기술을 활용한 효율적인 군수 관리 체계를 완성하여 우리 국방력을 더욱 강하고 체계적으로 발전시켜야 한다.

제2부

**기업에게 자유를! 서민에게 기회를!
청년에게 꿈을!**

5.
수월성 교육, 시험 선발

한 명의 천재가 수억 명을 먹여 살린다.
더 이상 이런 천재가 나오지 않고 있다.
맞춤형 교육은 국가 미래를 위한 투자다.
우수 학생에게 수월성 교육이 필요하다.

수월성 교육으로 전환

• 1명의 천재가 수억 명을 먹여 살린다

자연 자원이 빈약한 우리나라가 오늘날 세계 10위권의 경제 규모를 달성할 수 있었던 것은 교육을 통한 인적 자원 개발에 과감하게 투자한 결과이다. 농업 국가에서 제조업 중심의 산업 국가, 지식 산업 국가로 성공적으로 전환한 것도 국민 모두가 교육의 가치를 중시하고 교육에 대한 투자를 아끼지 않았기 때문이다. 이런 우리의 성공은 미국의 오바마 대통령이 과감한 인적 자원 투자를 통해 극빈국에서 선진국이 된 성공 사례로 자주 칭찬하기도 했다. 또한 열심히 일하는 높은 수준의 근로 윤리는 우리 경제 발전에 크게 기여했다. 그러나 현재 우리나라의 교육 시스템은 선진국 수준의 산업 및 기술계의 요구와 동떨어져 있어 심각한 문제를 야기하고 있다.

1명의 천재가 수억 명을 먹여 살린다. 우리나라에선 더 이상 이런 천재가 나오지 않고 있다. 우수한 학생들에게 맞춤형 교육을 제공하는 것이 국가의 미래를 위한 투자이다. 수월성 교육이 필요하다.

수월성 교육은 지식 기반 사회가 요구하는 핵심 역량을 바탕으로 각자의 소질과 적성을 발굴하는 것이다. 전교조식 평준화 교육은 결국 교육의 질을 떨어뜨리고 학력 하향 평준화로 이어진다. 평준화 교육은 학생들의 개별적인 잠재력과 능력을 무시하고, 모든 학생에게 동일한 교육을 제공하여 학생들을 획일화시키며 개개인의 개성을 무시한다. 이는 교육 경쟁력을 떨어뜨리는 결과를 초래한다.

선진대국 시대의 교육 방향은 수월성 교육으로의 전환이다. 하향 평준화가 모델이 되어서는 안 된다. 학생들 간의 학력의 차이를 인정하고 잘하는 학생이 더 잘할 수 있도록 교육해야 한다. 국어, 영어, 수학, 과학 등 주요 과목에서 뛰어난 학생들에게 더 심화된 교육을 제공하고, 다양한 분야에서 개별적 잠재력을 키울 수 있도록 해야 한다. 수월성 교육은 공부 잘하는 학생만 우대하는 것이 아니다. 모든 학생이 국영수로 획일화되지 않고 자신들의 적성에 맞는 교육 기회를 공평하게 부여받을 수 있도록 하는 것이 핵심이다.

이를 위해 영재학교와 특목고를 확대하는 방안이 필요하다. 이러한 학교들은 학생들이 자신의 능력을 최대한 발휘할 수 있도록 지원해야 하며, 다양한 진로 선택의 기회를 제공받아야 한다.

각 초중고에 수월성 교육을 확대하고 '미래 과학 영재'를 따로 뽑아야 한다. 영재 학교, 영재 교육원을 설립하며, 조기 진급과 조기 졸업도 허용해야 한다.

또한 대학은 해외 대학들과 경쟁하며, 글로벌 지식을 선도할 수 있도록 권역별 '글로벌 한국 대학'을 집중 육성해야 한다. 지역별로 4차 산업 혁명 시대의 성장 동력이자 지역의 특성을 살린 특화 분야를 육성하여 경쟁력을 강화해야 한다.

우리나라는 고등학생 중 취업을 위한 교육과정을 선택하는 학생 비율이 OECD에서 가장 낮은 국가이다. 대학 진학률이 비정상적으로 높다. 마이스터고 등 직업 교육을 강화하고, 창업 교육을 도입해야 한다. 미국과 유럽의 성공한 많은 창업가들은 대학을 중퇴하고 창업에 뛰어든다. 이들이 고등학교에서 배운 경제 교과 과정의 일부가 창업 교육이기 때문이다. 우리도 고교 직업 선택과 창업 교육의 비중을 늘려야 한다.

저소득층 학생에게는 학군 및 학교 선택의 자유를 보장하는 바우처 제도를 도입할 필요가 있다. EBS 교육을 강화하고 수능 문제의 70% 이상을 EBS 교육 방송에서 출제하여 사교육이 필요 없도록 해야 한다. 우수 사교육 강사와 대학생 멘토를 활용하여 저소득층 학생들에게 질 높은 교육 기회를 제공할 수 있도록 하여 교육 불평등 문제를 해소하고, 모든 학생이 자신의 역량을 최대로 발휘할 수 있는 환경을 마련해야 한다.

> **교육 격차 해소 – '여민동락 8080'**
>
> '여민동락 8080' 프로그램은 경상남도 도지사와 대구광역시 시장 시절 서민 자녀들의 교육 격차 해소와 학습 지원을 위한 정책이다. 저소득층 자녀의 교육 복지 향상과 공정한 학습 기회를 제공하기 위해, 중위 소득 기준 80% 이하 중고생을 대상으로 교육비를 지원하였다. '여민동락 8080' 프로그램을 통해 방과후 학습 지원과, 1:1 멘토링을 지원하여 학생들의 학업 성취도가 향상되었으며, 진로 상담을 통해 진로 탐색 기회도 확대되었다. 이를 통해 서민 자녀들의 학습 환경을 개선하고 지역사회의 교육 복지를 높이는 데 기여했다.

고등 교육 시장 개방

고등 교육 시장을 개방해야 한다. 해외의 우수 대학이 한국에 분교를 설치할 수 있게 하여 유학을 가지 않고도 외국 대학 분교에 학생들이 입학할 수 있도록 해야 한다. 이와 동시에 한국의 대학이 글로벌 대학과 경쟁할 수 있도록 규모의 경제를 달성하도록 해야 한다. 양질의 교육을 제공하는 대학들이 더 많은 학생을 교육할 수 있는 경쟁체제를 도입하고 경쟁에서 도태되는 학교의 구조조정을 통해 교육의 질을 높이도록 경쟁을 유도해야 한다.

이를 위해서는 대학 재정의 자율성을 확대해야 한다. 현재 대학들은 부실한 재정으로 인해 우수 교원의 유치에 실패하여 교육의 질이 점차 하락하고 있다. 이는 반값 등록금이라는 포퓰리즘 정책으로 인해 대학 등록금이 십수 년간 동결되어 온 결과이다. 대학 등록금 인상을 사실상 불가능하게 만든 등록금심의위원회 제도를 폐지하고 우수대학들의 외국인 유학생 유치와 등록금 책정의 자율성을 부여해야 한다. 이를 통해 교육 서비스 수출을 통한 기여와 대학 재정 정상화를 통해 교육의 질적 향상을 위한 경쟁을 유도해야 한다.

교육 재정 개혁

초중고 교육 재정 일부를 대학 교육과 평생 교육, 지방 교육으로 배분 전환해야 한다. 매년 내국세의 20.79%와 교육세 일부가 자동으로 지방 교육 재정교부금으로 배정된다. 현재 매년 약 72조 3,000억 원이 지방 교육 재정 교부금으로 배정되고 있으나, 이 재원의 사용 내역은 세부적으로 공개되지 않고 있다. 감사 체계가 미비하여 부정부패와 예산 낭비가 발생하기 쉬운 구조이다.

또한 학령 인구(6~21세)는 2024년 714.7만 명에서 꾸준히 감소하여 2060년에는 360만 명에 불과할 전망이다. 따라서 학령 인구 1인당 지방 교육 재정 교부금은 2013년 437만 원에서 2023년 1,025만 원으로 지난 10년간 2배 이상 증가하였다.

초중고생이 줄고 지역별 편차가 커졌음에도 이 비율은 수십 년째 그대로이다. 민선 8기 대구광역시의 경우에도 지방 교육 보조금 지원 문제로 교육청과 갈등이 있었다. 넘치는 재원 덕분에 '해보고 싶은 것 다할 수 있는' 몇 안 되는 영역이 바로 초중고 교육이다.

이제 지방 교육 재정 교부금의 배분 비율과 적정성, 사용 용도를 종합적으로 점검하고 전면적으로 새로 설계해야 한다. 그리고 감사 체계를 강화해 부정 부패를 방지하고, 예산 낭비를 줄이고, 중복 지원 사업을 정비해 예산을 효율적으로 재분배해야 한다.

지방 교육 재정 교부금을 유아 교육, 대학 교육, 평생 교육, 지방 교육 등의 재원으로도 사용할 수 있도록 활용 범위를 확대해야 한다. 초중고에 집중된 교육 재원을 온 국민이 골고루 쓸 수 있도록 해야 한다. 중앙 정부와 지방자치단체가 협력하는 '지역 혁신 중심 대학 지원 체계(RISE) 사업'은 그 시작이다.

또 교육부의 권한과 교육 예산을 해당 지자체로 파격적인 수준으로 넘겨줘야 한다. 이런 일반 지방 재정과 지방 교육 재정의 칸막이 철폐를 위해서는 정치적으로 시도지사와 시도교육감을 별도로 선출하는 방식에서 러닝메이트 방식으로 함께 선출하도록 하는 제도적 정비가 필요하다.

이렇게 확보된 예산은 지역 대학의 경쟁력을 강화하고, 학생들의 등록금 부담을 완화하는 데 사용되어야 한다. 등록금 문제는 많은 학생과 학부모에게 큰 부담으로 작용하고 있다. 이를 해결하기 위한 재정 지원이 절실하다.

성인 교육, 직업 교육, 재교육 프로그램을 통해 고용 가능성을 높이고 사회적 역량을 강화해야 한다. 이러한 프로그램은 노동시장에서의 경쟁력을 높이고, 사회의 다양한 요구에 부응하는 인재를 양성하는 데 기여할 수 있다.

교육 재정의 공평성을 강화하기 위해 저소득층 학생들을 위한 교육 복지 프로그램을 확대해야 한다. 지역 간, 소득 계층 간 교육 격차를 해소하기 위한 재정 지원이 강화되어야 하며, 이를 통해 모든 학생이 동등한 교육 기회를 누릴 수 있도록 해야 한다. 이는 교육의 기본 원칙인 형평성을 실현하는 길이기도 하다.

유치원과 보육원 통합 완성

유치원과 보육원을 하나의 체계로 통합하는 유보 통합을 조속히 완료할 필요가 있다. 유치원(교육부 관할)과 보육원(보건복지부 관할)은 서로 다른 정부 부처에서 관리되며, 재정 지원 기준과 운영 방식이 다르다.

유보 통합이 이루어지면 부모들은 유치원과 보육원을 별도로 고려할 필요가 없어진다. 아이들의 교육과 보육이 원활히 연결될 수 있다. 특히 맞벌이 부부와 저소득층 가정에 부담을 덜 수 있는 방향으로 통합의 방향성을 설정해야 한다.

우리나라는 심각한 저출산 위기에 직면해 있다. 출산을 장려하고 아이를 키우는 일은 가정과 사회, 국가 등 모두의 몫이다. 유보 통합과 함께 늘봄학교 사업을 제대로 추진해야 한다. 0세부터 10세까지 '국가가 책임지고 국민이 안심하는 책임 교육과 돌봄'을 구현하여야 한다. 이러한 방향은 국가가 아이들의 성장과 발달에 대해 책임질 수 있는 기반을 마련하는 데 기여할 것이다. 유보 통합 가속화는 단순한 행정적 변화가 아닌, 아이들의 미래와 가정의 안정성을 위한 필수적 조치다.

평생 교육 강화

빠른 속도로 디지털 사회로 전환되고 있지만, 고령층을 비롯한 일부 계층은 디지털 환경에 적응하지 못해 정보에 소외되거나 낙오되고 있다. 이는 경제적 불평등뿐만 아니라, 사회적 소외 문제까지 초래할 수 있다. 따라서 평생 교육을 확대하여 노령층과 취약 계층의 디지털 접근성을 높이고, 가짜 뉴스 예방 교육 및 금융 교육을 강화해야 한다.

디지털 격차 해소 교육을 통해 IT 기기 사용법, 전자 결제 시스템, 온라인 행정 서비스 이용법 등을 노령층과 취약 계층에게 체계적으로 교육해야 한다. 대구광역시의 ABB(AI, 블록체인, 빅데이터) 과학 행정 사례처럼, 디지털 소외 계층을 위한 맞춤형 교육 프로그램을 적극 도입할 필요가 있다.

지역별 평생 교육 센터를 확대하고, 도서 벽지 및 농산어촌에도 평생 학습 기회를 제공해야 한다. 기존의 경로당, 도서관, 문화 센터, 대학 등의 시설을 활용하여 다양한 평생 교육 프로그램을 운영함으로써, 교육의 접근성을 높여야 한다.

또한 SNS와 인터넷 미디어를 통한 가짜 뉴스 확산이 사회적 갈등을 증폭시키고 있는 만큼, 국민이 미디어 리터러시(media literacy)를 높일 수 있도록 정보 해석 능력과 객관적 판단 능력을 기르는 교육이 필요하다.

금융 교육 확대도 필수적이다. 특히 청년층과 노년층을 대상으로 금융 사기 예방, 자산 관리, 세금 구조 이해 등의 교육을 강화하여 국민의 경제적 자립을 돕고, 금융 정보 격차를 줄여야 한다.

'시험으로 뽑자'

● 대학 입시는 수능과 정시 중심으로

선진대국은 '누구나 열심히 노력하면 기회를 잡을 수 있는 나라'이다. 우리 사회는 부모의 사회적, 경제적 지위에 따라 개인의 지위가 상당 부분 결정되는 계층 고착화 현상이 심각하다. 기회의 균등만으로는 무너진 계층 이동의 사다리를 복원할 수 없다. 천부적 능력의 차이에 따른 결과의 불평등은 수용할 수 있지만, 후천적 환경 차이에 따른 불평등은 시정되어야 한다.

우선 대학 입시 제도를 단순화해야 한다. 과거에 교육은 '계층 이동의 사다리' 역할을 수행하면서 사회의 위대한 균형추 역할을 하였다. 오늘의 우리를 있게 한 위대한 힘이었다. 그러나 현재는 사교육에 의해 대학이 결정되고, 출신 대학의 수준에 따라 직업과 소득 및 자산의 수준이 결정되는 구조가 형성되었다.

'역량 중심 인재 선발'이라는 미명하에 대학별로 너무나 다양한 선발 방식을 만들었고, 이는 대학 입학에 엄청난 사회적 경제적 비용이 들어가게 만들었다. 시골이나 보통 가정의 자식들은 꿈도 꾸지 못할 일들이 벌어지고 있는 것이다. 이런 상층 입시 시장은 점점 공고해지면서 '그들만의 리그'가 만들어지고 있다.

지금의 대입 전형은 별도의 입시 컨설팅이 성행할 정도로 복잡하고 고비용이 든다. 전국 대학의 대입 세부 전형 종류가 무려 3천여 가지에 이른다는 '웃픈' 이야기도 있다.

이제 대입 전형은 객관적 평가가 가능한 수능 방식이 아닌 정성 평가 위주로 완전히 바뀌었다. 입학사정관제, 학생부 전형, 논술평가 등의 수시 비중이 무려 80%에 이르고 있다. 수능 비중은 2020년 19.9%에서 2026년은 18.5%로 점점 낮아지고 있다.

따라서 현재의 복잡한 대입 제도를 개선하여 공부만 잘하면 쉽게 열 수 있는 등용문이 되어야 한다. 대입에 들어가는 비용을 줄여야 한다. 이제 수능과 정시 위주로 전환하는 방식으로 개편해야 한다. 학생부 종합 전형을 폐지해야 한다. 수능 시험을 연 2회 실시하고 그중 좋은 점수를 전형 자료로 쓰면 된다.

판검사 임용 시험 도입

과거 개발 성장 시대에는 기회가 넘쳤다. 고시 시험 합격으로 신분 상승이 가능했다. 그러나 법조 선발이 부자들의 몫이 되고 제도와 규정, 관습으로 굳어져 기득권으로 정착되면서 상승의 기회는 점점 막히고 있다. 이러한 상황은 개인의 좌절감을 초래한다. 자원 배분의 비효율성을 야기하며, 경제 성장의 저해 요인이 된다. 또한 사회 구성원 간의 반목과 위화감을 증폭시켜 사회 통합을 저해하는 결과를 초래하고 있다.

'수시 입학으로 대학에 가고 로스쿨을 거쳐 변호사가 되고 대형 로펌에 들어갔다가 대학, 언론, 관료, 정치권, 경제계 등 각 부문의 고위직을 차지하여 사회 지도층 행세를 하고 다시 자식들과 손자들에게 이 과정을 밟게 하여 명문가 가문을 만들어 가는 당신들만의 리그', 나는 이것을 '현대판 음서蔭敍'라고 부른다.

이런 모습에는 보수와 진보, 좌와 우의 구별이 없고 어느 편이나 같다. 지난 정부의 '기회의 평등', '과정의 공정', '결과의 정의' 주장이 이런 카르텔과 음서로 인해 얼마나 허구였는지를 여실히 보여주었다. 이른바 강남에도 좌파도 우파도 있다. 똑같이 대치동 명문 학원에 손자 손녀를 보낸다. 이런 별개의 '사회적 계급'이 존재한다면 이는 결코 '열린 사회'가 아니다. 기득권 유지를 위한 대대손손 부유층의 카르텔일 뿐이다. 이렇게 형성된 사회적 지대地代는 이른바 '그들만의 리그'로, 현대판 음서로 고착되어 가고 있다.

개천에서 용이 날 수 있고, 공정한 시험으로 신분 상승이 가능한 사회가 되어야 한다. 선진대국 시대는 이런 카르텔을 혁파하고 진정한 공정과 정의를 세우는 데 있다.

국가 사법 시험 제도의 대개혁이 필요하다. 일정 기간 일한 자격을 갖춘 변호사 중에서 판검사를 임용하되, 별도의 선발 시험 제도를 도입하여 공정성과 전문성을 높여야 한다. 그리고 사법 시험의 부활은 현실적으로 불가능하다는 점을 고려하여 그 대안을 마련해야 한다. 변호사 예비 시험 제도를 부활시켜야 한다. 이를 통해 변호사 자격은 로스쿨 졸업자와 변호사 예비 시험 합격자로 하는 방안이다. 그리고 로스쿨의 교육과정과 시험 기준을 엄격히 관리하고 공정한 평가 체계를 마련해야 한다.

제2부

**기업에게 자유를! 서민에게 기회를!
청년에게 꿈을!**

6.
노사 관계 선진화

선진대국의 노사 관계를 만들어야 한다.
노동자와 사용자의 대등한 노사 관계,
상호 존중하는 협력적 노사 문화,
함께 성장하는 환경을 조성해야 한다.

선진대국 시대의 노사 관계

선진대국 시대에 걸맞는 노사 관계를 만들어야 한다. '생산성에 따른 분배를 기반으로 더 큰 성과를 위해 힘을 모으는 협력적 관계'로 나가야 한다. 지난 '87년 체제'는 노동권 강화의 시대였다. 민노총을 정점으로 한 산별 노조와 기업 노조로 이어지는 강성 노조들이 노동시장을 주도했다. 노동 관련 법과 제도는 점점 엄격해지고 강화되면서 우리 경제의 자유와 창의, 혁신의 걸림돌이 된 지 오래다. 경제의 활력 감소, 기업 해외 이전, 비정규직의 소외 등에는 이런 노동 카르텔과 경직된 노동 법령이 대단히 중요한 요인이다.

지금의 경직된 노동관계법으로 인해 노동시장에 다양한 문제가 발생하고 있다. 미국의 싱크 탱크인 헤리티지 재단이 발표한 '2024 경제 자유 지수'에 따르면, 한국은 노동시장 자유도 부문에서 57.2점을 받아 87위로 선진국 중에 최하위에 속하는 '매우 부자유(mostly unfree)' 등급에 해당한다. 일본의 14위와도 큰 격차를 보이고 있다.

선진대국으로 나아가기 위해서는 이러한 법률 체계를 유연화하고 노동자와 사용자의 대등한 관계를 구축해야 한다. 노동 유연성 확보는 유연한 고용과 해고를 의미한다. 특히 노동자가 약자이고 일방적 보호의 대상이라는 기존의 인식에서 벗어나야 한다. 과도하고 경직된 노동권 보호가 오히려 노동 생산성과 국가 경쟁력을 떨어뜨린다.

우리는 노동시장의 이 중구조, 정규직과 비정규직의 이중 구조를 강화하여 노동의 새로운 계급을 만들고 있다. 한번 비정규직이면 영원한 비정규직으로 머물고, 같은 일을 하면서도 임금은 차별되는 망국적 계급 구조를 공공연하게 유지하고 있다. 해고의 유연성이 확보되어야 기업이 정규직 채용을 회피하지 않고, 비정규직을 없앨 수 있다. 상층 기득권 노조는 이런 현실을 외면한다. 자신들의 고용을 지키기 위해 해고를 쉽게 할 수 있도록 하는 노동 개혁에 결사반대한다. 같은 노동자이면서 강자인 상층 기득권 노조는 약자인 비정규직을 억압하고 수탈하고 있는 것이다.

노동자와 사용자의 대등한 노사 관계를 구축하기 위해서는 양측의 권리와 의무를 명확히 해야 한다. 그리고 상호 존중하는 문화가 필요하다. 노동자가 약하다는 인식에서 벗어나, 노동자와 사용자가 함께 성장할 수 있는 환경을 조성해야 한다. 이러한 변화는 상호 협력적 노사 관계를 형성하고 노사 관계 전반의 건전성을 높이게 된다.

비정규직 보호와 함께 모든 노동자가 공정하게 대우받을 수 있는 시스템을 구축하는 것이 필요하다. 이는 노동시장 내의 불균형을 해소하고, 모든 노동자가 동등한 기회를 가질 수 있도록 하는 데 기여할 것이다. 선진 노사 관계는 노조의 사회적 책임을 강화하고 투명성을 제고하는 데 있다.

강성 귀족 노조 타파 – 비정규직 보호

기업이 필요한 때에 자유롭게 고용할 수 있을 때 고용은 늘어난다. 고용을 두려워하지 않으려면 고용의 비용과 규제가 적어야 한다. 고용이 항구적인 고비용이 될 경우, 기업은 고용을 회피한다. 한번 고용하면 저성과자라도 사실상 해고가 불가능하기 때문이다.

비정규직이라는 한국 만의 분류에 따라 임시 고용이 이루어진다. 고용주에게 복지의 상당 비용을 부담시키는 4대 보험이나 과도한 야간과 휴일 근무에 대한 할증 제도 등도 기업이 고용을 극도로 회피하는 원인이다. 그 결과 250명 이상의 대형 사업장에 근무하는 근로자 비중이 16%에 불과하다. 기업이 고용을 회피하는 또 하나의 이유는 노사 관계가 OECD 국가 중에서도 가장 대립적이기 때문이다.

노동 문제의 사회적 합의라는 이름의 노사정이 동시에 참여하는 위원회의 개선이 필요하다. 과거 노사의 극한 갈등을 피하고자 정부가 직접 개입하기 위해 위원회 제도가 만들어졌다. 그러나 정상적 운영보다는 파행과 변칙으로 일관되어 왔고 정치 투쟁의 장으로 전락해 왔다. 특히 우리 노사 관계의 안정과 선진화에 얼마나 도움이 되었는지 의문이다.

사회적 약자로 보호받아야 할 대상은 비정규직과 하층 근로자들이다. 비정규직 노동자를 보호하는 것은 중요하지만, 더 이상 민주노총과 같은 상위 노동 귀족에 대한 지원은 필요하지 않다. 강성 투쟁을 일삼는 귀족 노조의 행패는 산업계 전반의 심각한 문제이다. 더 이상 정부와 사회가 나서서 노동 귀족들까지 노동의 이름으로 약자로 대접하며 보호할 이유는 없다. 제6공화국 기간 동안 상층 귀족 노조는 사측이나 재계에 충분히 맞설 힘을 길러왔고, 경제 민주화의 이름으로 이들의 권한은 점점 강화되고 있다.

선진대국 시대는 노사 자율 원칙, 노조의 책임성 강화에 있다. 또한 날이 갈수록 AI와 로봇이 생산 현장에 투입되고 생산 기지가 해외로 이전되면서 일자리는 줄어들고 있다. 이는 노사정 모두의 문제이다. 함께 머리를 맞대고 지혜를 모아야 한다. 각자의 몫을 인정하고 생산성에 따라 나누고 생산성을 높이려는 노력이 중요하다. 내가 속한 기업을 키워 일자리를 지키고 더 좋은 일자리로 만들며 후대에 물려 주려는 자세, 이는 노사 모두의 책무인 것이다.

노동 개혁 – 진주의료원 강성 귀족 노조 혁파

2013년 진주의료원은 방만하고 비효율적 운영으로 도민들에게 과도한 부담을 주고 있었다. 의사 16명, 간호사 150여 명이지만 외래 환자는 200명에 불과한 극심한 비효율적 운영이었다. 지속적인 자본 잠식과 경영 악화에도 불구하고 강성 노조가 기득권을 유지하면서 사실상 '노조의 놀이터'로 전락했다. 이에 따라 경상남도는 의료원 정상화를 여러 차례 요청했으나, 노조는 이를 거부하며 투쟁을 지속했다. 결국 도민의 혈세로 운영되는 기관의 방만한 운영을 더 이상 용인할 수 없다는 판단하에 2013년 부득이하게 폐업 절차를 추진했다. 민노총 등 강성 노조와의 전면전에서 승리한 드문 사례이다.

● 최저임금 업종별·지역별 차등 적용

최저임금제는 업종별·지역별 차등 적용이 시급히 필요하다. 최저임금의 합리적인 결정을 위해 사용자의 지불 능력을 최우선으로 고려하고 업종별·지역별 차등 적용을 구체화해야 한다. 또한 외국인에게 동일한 규정을 적용할 이유는 없다. 사적(개별) 계약이나 단기 근로자에 대한 적용은 예외로 해야 한다.

최저임금 심의는 공익위원 9명, 사용자위원 9명, 근로자위원 9명 등 총 27명으로 구성된 최저임금위에서 최장 90일간 이루어진다. 그러나 노사의 극렬한 대결로 1988년 최저임금 제도가 도입된 이후 노사 합의로 최저임금이 결정된 사례는 단 일곱 차례에 불과하다. 노사 직접 대립하는 방식에서 벗어나야 한다. 최저임금위원회는 그 숫자를 축소하고 노사 관계자 대신 전문가 중심으로, 경제 원리와 경제 지표에 따라 최저임금을 정하도록 해야 한다.

노동 생산성에 따른 분배

우리 사회가 선진국으로 나아가기 위해서는 노동 개혁이 필수적이다. 생산성과 공정한 분배를 기반으로 한 노동 환경을 조성하고, 비정규직 노동자의 권리를 보호하며, 노동 유연성을 확보하는 것이 모두가 함께 성장할 수 있는 사회를 만드는 길이다.

분배의 제1 기준은 노동 생산성이다. 생산성 성과에 따라 나의 몫이 정해져야 한다. 이것은 단순한 재분배가 아니라, 개인의 노력과 성과에 비례한 보상을 통해 경제 정의를 실현하는 것이다. 우리 경제가 지속적으로 성장하기 위해서는 노동 생산성이 증가할 때 이에 맞춰 임금도 공정하게 상승해야 한다. 노동 생산성 증가가 실질 임금 상승으로 이어지도록 하고, 기업과 노동자가 함께 성장할 수 있는 구조를 만들어야 한다.

성과에 근거한 생산성 분배의 원칙을 확립해야 한다. 연공서열이 아니라 개인의 능력과 성과를 중심으로 하는 직무성과급제 도입을 적극 고려해야 한다. 우리나라 노동 생산성은 2021년 기준 42.7달러로 주요 선진국인 프랑스(66.7달러), 독일(68.3달러), 이탈리아(54.2달러), 일본(45.5달러), 영국(60.6달러), 미국(74.1달러) 보다 낮은 상태이다.

노력한 만큼의 보상을 받는 사회가 되려면 성과 중심의 임금체계가 도입되어야 한다. 단순한 연공서열식 임금이 아니라, 기여도와 성과에 따라 보상이 이루어져야 한다. 또한 기업의 수익성과 연계된 생산성 기반의 임금 조정이 이루어져야 하며, 이를 통해 노동자들은 더욱 적극적으로 경제 활동에 참여할 수 있을 것이다.

이렇게 낮은 노동 생산성을 증가시키기 위해서는 무엇보다 '주 52시간'으로 요약되는 획일적, 경직적 노동 규제를 과감히 철폐하고 노동시장 및 근로 시간 유연성 확대, 성과 중심으로 임금체계 개편, 노동시장의 이중구조 개선은 물론, 일자리 미스매치를 해소하는 노동 개혁이 시급하다.

우리나라 노동시장의 이중구조가 심화되고 있다. 노동시장이 대기업과 중소기업으로 대표되는, 임금, 안정성, 근로 조건에서 차이가 있는 두 개의 시장으로 나뉘어져 있다. 대부분이 선망하는 1차 노동시장(대기업, 정규직, 공무원)과 고용 안정성과 임금 등에서 상대적으로 열악한 2차 노동시장(중소 및 영세기업, 비정규직)으로 구분되어 있다. 2023년 기준 대기업 1인당 월평균 임금(593만 원)이 중소기업의 임금(298만 원)의 2배이고, 임금 외

육아 휴직 등의 복지 여건도 기업 규모별로 차이가 크다. 이러한 이중구조를 타파해야 한다.

비정규직에 대한 차별적 대우를 해소하는 노력도 필요하다. 이들은 종종 불안정한 고용 환경에 처해 있으며, 그 결과로 사회적 불평등이 심화된다. 반면, 정규직 근로자는 과도한 보호를 받고 있다. 정부가 집중해야 할 정책 방향은 비정규직 등 소외된 노동자의 권리를 보호하고 안정적인 고용 기회를 제공하는 데 있다.

또한 산업별·직종별 고려가 없는 일괄적인 근로 시간을 개선해야 한다. 주 52시간 근로제는 법제화되었고 의무적으로 적용된다. 근무자가 자발적으로 근무하여 52시간 이상 근무를 하더라도 해당 사업체는 처벌 대상이다. 첨단 업종과 연구 개발 분야, 계절 업종 등은 업계의 요청을 받아들여 예외로 해야 한다. 기업들이 변화하는 시장 환경에 빠르게 대응할 수 있도록 하며, 동시에 노동자들에게도 더 많이 일할 기회를 제공하는 방향으로 나아가야 한다. 진정한 근로자 보호는 일할 기회를 더 많이 만들어 주는 것이다.

노조의 사회적 책임 강화

노동조합은 노동자의 권리를 보호하고 이익을 대변하는 중요한 조직이다. 그러나 최근 몇 년간 일부 노조의 강성화와 정치적 개입이 사회적 갈등을 유발하고 있다. 우리의 노사 분규 건수는 2022년 기준 122건으로, 이는 OECD 평균 대비 두 배 이상 높은 수준이다. 일본이나 독일과 같은 상생의 노사 문화와 달리, 한국의 노사 관계는 대립적이고 투쟁적인 경향이 강하다.

노조 개혁은 필수적이며, 이를 통해 사회적 책임을 다하는 노조를 만드는 것이 중요하다. 노조의 사회적 책임을 강화하고, 강성 귀족 노조의 활동을 억제하며, 불법 파업에 대한 엄중한 처리를 통해 더욱 건강한 노동 환경을 만들어야 한다. 또한 노조 개혁을 통해 모든 노동자가 동등하게 대우받을 수 있는 시스템을 구축해야 한다. 이는 지속 가능한 노동시장과 사회적 통합을 이루는 길이 될 것이다.

강성 귀족 노조는 정치적 당파성을 내세우거나 특정 진영의 이익을 대변하는 경우가 많아 일반 노동자와의 불균형을 초래할 수 있다. 이러한 노조가 정치적 투쟁에 개입할 경우, 노동시장 전체에 부정적인 영향을 미칠 수 있다. 따라서 정치 투쟁에 대한 민사 구상권을 강화하여 이러한 활동을 억제해야 한다. 이는 노조가 자신의 권리뿐만 아니라 사회적 책임을 다하는 방향으로 나아가는 데 기여할 것이다.

불법 파업, 정치 파업은 법치주의를 훼손하고 사회적 갈등을 유발하는 주요 원인이다. 이런 행위는 정당한 노동자의 권리를 침해할 수 있으며, 따라서 원칙에 따라 엄중히 처리해야 한다.

이러한 원칙을 강화함으로써 노동시장의 질서를 유지하고, 안정적인 고용 환경을 조성할 수 있다.

최근 문제가 되고 있는 이른바 '노란 봉투법'은 노조의 민형사상 면책 범위와 손해 배상 청구 제한 범위를 대폭 넓히고 노조 교섭 대상인 사용자 범위를 확대하라는 법이다. 이는 노동자의 권리를 보호하는 것처럼 보이지만, 실제로는 법적 테두리를 벗어난 행동을 정당화할 수 있어 노사 관계의 선진화에 부합하지 않는다고 본다.

노동 개혁 – 강성 귀족 노조 방지 3법 발의

2020년 7월 21대 국회에서 '노동조합 및 노동 관계 조정법 일부 개정 법률안', '파견 근로자 보호 등에 관한 법 일부개정 법률안', '공무원의 노동조합 설립 및 운영에 관한 법 일부 개정 법률안' 등 강성 귀족 노조 방지 3법을 발의한 바 있다. 극소수의 강성 귀족 노조가 노동계를 주도하는 잘못된 노동 환경을 바로잡아 건강한 노사 문화를 정착시키고 기업 경영의 활력을 불어넣어 산업계 전반과 경제를 활성화시키기 위한 것이었다. 노조의 회계 감사 실시 등 일부 내용은 노동 관계법에 반영되어 시행되고 있다.

제2부

**기업에게 자유를! 서민에게 기회를!
청년에게 꿈을!**

7.
국가 균형 발전

지방이 잘살아야 나라가 잘산다.
결국 좋은 일자리가 지방을 살린다.
행정 체계 개혁, 도시 정주 환경 개선,
다양한 인프라 구축 등이 뒤따라야 한다.

지방을 살리자는 구호는 많았지만, 상황은 더욱 악화되고 있다. 지방 소멸 현상과 수도권 비대화는 가속화되고 있다. 인구는 수도권으로 집중되고 있다. 더 나은 일자리와 정주 환경을 찾아 수도권으로 떠나고 있다.

우리는 국가의 지속 가능성을 높이고 지방을 살릴 실질적인 방안을 찾아야 한다. 숱한 대책이 있지만 지방이 살길은 결국은 좋은 일자리를 많이 만드는 것이다. 일자리는 기업이 만든다. 행정 기관 이전 정책도 실효를 거두지 못했다. 기업 이전과 유치가 우선이다. 과거처럼 기업을 강제로 지방으로 보낼 수 없다. 기업이 지방에 매력을 느끼고 스스로 찾아올 수 있도록 해야만 한다.

민선 8기 대구광역시는 기업 지원을 위한 '원스톱 기업 투자 센터'를 만들고 기업 유치에 온 힘을 쏟았다. 이때의 경험을 되돌아보면, 수도권의 대기업에게 지방으로 오라고 요청해도 한결같은 대답은, 지방에서는 좋은 인력을 구하기 어렵다는 것이었다. 큰 기업이 없으니 지방 인재가 서울로 떠나고, 인재가 없으니 기업의 지방 이전이 어려운 악순환이 이어지는 것이다. 기업 유치는 조세, 금융 지원뿐만 아니라 물류 체계, 근로자의 정주 여건 개선, 철도 항공 항만 등 SOC 구축까지 뒤따라야 한다.

5대 관문 공항론

'5대 관문 공항론'은 첨단 산업 시대에 지방의 균형 발전을 도모하고, 지역 경제를 활성화하기 위한 실질적인 정책이다. 과거 산업화 시대가 '고속도로'의 시대였다면, 선진대국은 '하늘길'의 시대이다. 고속도로가 지방을 연결하는 대동맥이 되었다면 하늘길은 세계를 이어주는 기반이 된다. 과거 항만 시대에는 자동차, 선박, 석유 화학 등 중후장대(重厚長大)의 제조업이 중심이었다. 첨단 산업 시대의 물류 수출품은 반도체, 휴대폰, 바이오 등 항공 물류가 가능한 작은 크기의 고부가가치 제품이다. 선진대국 시대에는 각 지역별로 특화된 항공물류 산업을 육성하고 이를 집적화하여 산업 생태계를 조성해야 한다.

5대 관문 공항론은 인천, 청주, 광주, 대구, 가덕도 등 5대 공항을 거점으로 하늘길을 열고, 이를 중심으로 산업을 재배치하는 것이다. 지난 시기의 4대 관문 공항론에서 청주공항의 위상을 높여 충청권의 여객과 항공 물류를 감당하게 하는 것이다. 5대 관문 공항은 지역 거점으로 글로벌 물류의 중심이며, 공항 경제 자유 구역을 중심으로 글로벌 수출입 기업들이 자리 잡게 된다.

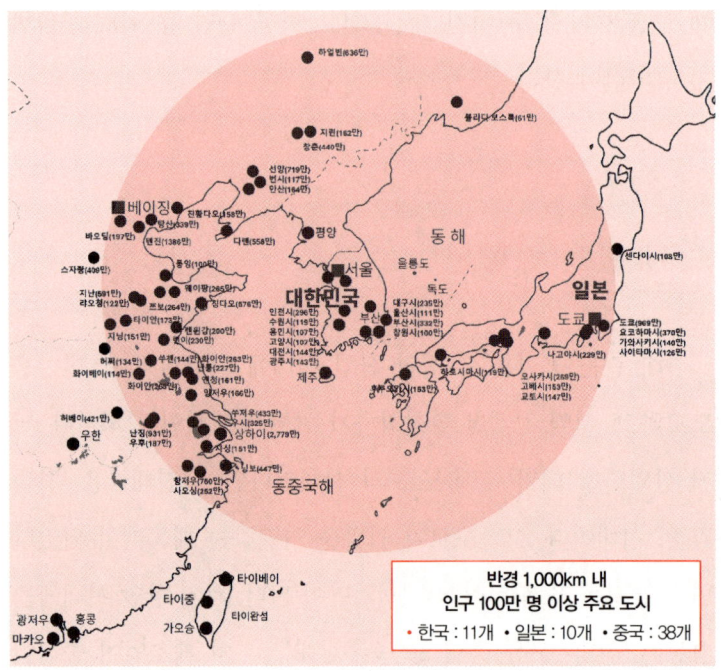

　한·중·일 3국은 반경 1,000km 안에 100만 이상 도시가 60여 개에 이르는, 인구가 밀집된 지역 중의 하나이다. 그런 만큼 여객 및 물류 수요도 많다. 지금 한·중·일의 소득 증가로 해외 관광이 가능한 인구는 폭증하고 있다. 항공 기술의 발달로 항공 물류 비용은 감소하고 있으며 신속성·정시성을 보장하는 데는 항공이 최적이다.

　5대 관문 공항 중 대구경북통합신공항(군위·의성)과 청주, 무안(광주 군공항 이전)은 민·군 겸용 공항이다. 민간이 공군과 같이 쓴다. 순수한 민간 공항은 인천과 가덕도뿐이다. 따라서

이 세 공항은 국방 안보 및 군작전 측면에서도 대단히 긍정적으로 기여한다. 유사시 인천공항을 대체하는 안보 측면의 효과는 숫자로 표현할 수 없을 만큼의 가치가 있다.

'좁은 국토에 왜 이리 공항이 많은가?'라는 비판은 옳지 않다. '고추 말리는 지방 공항' 운운하는 비난은 근시안적 사고에 불과하다. 박정희 대통령의 경부고속도로 건설을 반대하던 청맹과니의 모습과 하나도 다르지 않다. 항공 인프라는 공급이 스스로 신규 수요를 창출한다. 지금의 잣대로 미래를 봐서는 안 된다. 대구경북통합신공항에서 미주와 유럽으로 바로 날아갈 수 있는 대형 항공기 이착륙이 가능하도록 활주로를 3.8km로 하고, 항공 물류 증가를 대비해 제3활주로 건설 계획까지 미리 마련한 것은 신공항 미래 100년을 대비하기 위한 것이다.

5대 관문 공항의 육성은 지역을 살리는 가장 실질적인 방안이다. 지역 경제를 활성화하고, 국제적인 물류와 관광의 중심지로서 기능할 수 있는 기회를 제공한다. 공항이 활성화되면 지역 내 기업의 물류 비용이 절감되고, 외국인 관광객 유치가 쉬워져 지역 경제에 긍정적인 영향을 미친다. 공항이 위치한 지역에서는 교육과 문화 시설을 함께 개발하여, 지역 주민들도 다양한 혜택을 누릴 수 있도록 한다. 이는 지역 사회의 문화적 수준을 높이고, 인재 양성에도 기여할 것이다.

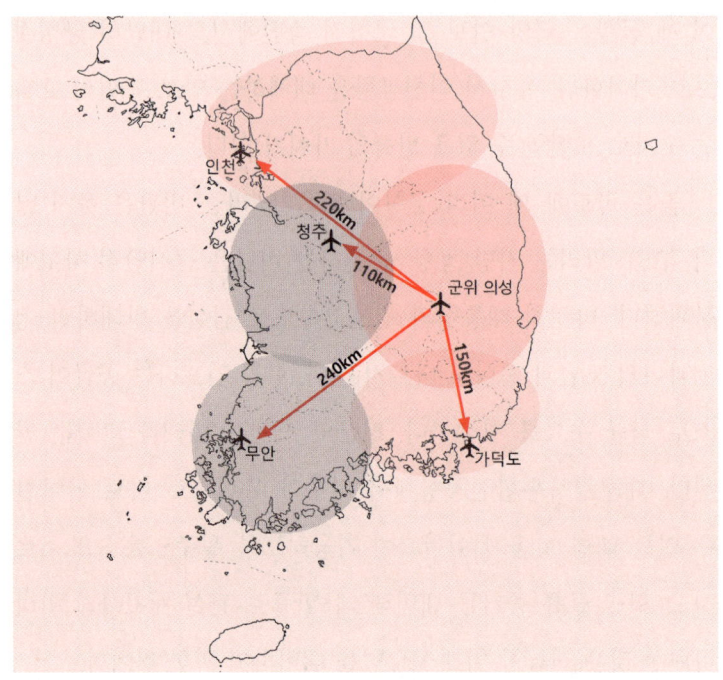

5대 거점 공항의 발전 방향은 다음과 같다.

- 인천공항은 우리나라 중추 공항으로 여객 중심의 글로벌 경쟁력을 높여 나간다.
- 청주공항은 군용 활주로 2개 중 하나를 3.2km 이상으로 확장하여 충청권 항공 물류 및 여객 운송 기능을 강화한다.
- 대구경북신공항은 대구·경북 및 충청권 일부의 여객 항공 물류 기능을 담당하며, 유사시 인천공항을 대체하고 군 항공 작전 체계를 갖춘다. 또 국토의 중앙부에 위치한 지리적

이점을 살려 우리나라 항공 물류 거점으로 육성한다.
- 무안공항은 광주의 군공항 이전을 통해 민·군 겸용 공항으로 확장하고 호남권 여객 및 항공물류 기능을 담당한다.
- 가덕도 공항은 부울경의 여객 및 항공 물류 기능을 담당한다.

대형 항공사와 저가 항공사(LCC)들의 본사를 분산하고 적절히 조정하여 5대 거점 공항에 각각 자리 잡게 해야 한다. 상당 기간 지방 공항과 LCC들이 더 큰 경쟁력을 확보할 때까지 지방 정부와 지역 거점 항공사가 긴밀히 협력하도록 해야 한다.

앞으로 5대 거점 공항 외에 다른 지방 공항은 첨단 산업 단지로 전환하거나 UAM(도심 항공 교통) 시대에 맞춰 버티포트(vertiport, 수직 이착륙 항공기 이착륙장) 공항으로 전환하는 방안도 모색해야 한다. 기존의 공항 부지를 물류와 산업의 중심지로 개발하여, 지역 기업의 성장을 지원하고 다양한 일자리를 창출할 수 있을 것이다. 또 일부 공항은 UAM 버티포트 공항으로 전환하여 새로운 교통 중심이 되도록 전환해야 한다.

한편, 인천공항의 여객 물류의 과도한 집중은 지방 공항의 활성화에 배치된다. 대한민국 최북단에 위치한 인천공항 1극 체계로는 향후 물동량 증대를 감당할 수 없고 지역 거점공항의 자생력 강화에도 도움이 되지 않는다. 이를 위한 합리적 배분과 정책 조정이 반드시 필요하다.

일례로 인천공항의 제5활주로 건설을 다시 검토할 필요가 있다. 인천공항의 쏠림 현상을 완화하고, 다른 지역의 공항들이 경쟁력을 갖출 수 있도록 하는 중요한 조치이다. 다른 지역 거점 공항들이 활성화될 기회를 제공하고, 수도권과 비수도권 간의 균형 발전을 도모할 수 있다. 지방 주민들이 공항의 혜택을 공평하게 누릴 수 있도록 하는 방향으로 정책 방향이 잡혀야 한다.

지역 거점 도시

수도권에 인구와 자원이 과도하게 집중되면서 여러 가지 문제점이 발생하고 있다. 이는 경제적 불균형을 초래할 뿐만 아니라, 지역 주민의 삶의 질에도 부정적인 영향을 미친다. 이러한 상황은 국가 전체의 지속 가능성을 저해하는 요소로 작용하고 있다. 따라서 비수도권의 전국적 거점도시를 형성하여 균형 발전을 추진하는 것이 시급하다.

● 행정구역 개편과 지역 거점 도시

선진대국 시대의 행정 구역은 장기적으로 3~5개의 시군을 통합하여 지역 간의 균형 발전을 도모하는 것을 목표로 한다.

현행 군 단위의 지자체를 묶어 서비스의 효율을 높이고 규모의 경제를 이루자는 것이다. 이는 지방 소멸을 막고 주민들에게 더 나은 정주 여건을 제공하며, 지역 경제를 활성화하는 데 중점을 두고 있다.

현재 많은 지역이 인구 감소와 경제적 침체를 겪고 있으며, 이러한 문제를 해결하기 위해서는 효율적인 행정 체계와 자원의 집중이 필요하다. 지역 거점 도시 전략은 이러한 문제를 해결하기 위한 방안으로, 여러 시군을 통합하여 행정적 효율성을 높이고, 자원을 보다 효과적으로 활용할 수 있는 기반을 마련한다. 통합지방자치단체는 중복된 행정 서비스를 줄여 행정 비용을 절감하고 주민들에게 더 나은 서비스를 제공한다.

지역 거점 도시는 행정뿐만 아니라 교육, 의료, 문화, 교통 등 다양한 분야의 필수 서비스를 제공한다. 교육 인프라를 집중적으로 개발하여 양질의 교육 기회를 제공하며, 교육 기관의 규모를 확대하고 다양한 교육 프로그램을 운영하여 지역 주민들이 교육에 대한 접근성을 높일 수 있다. 의료 분야에서는 현행 시군 단위의 병원보다 더욱 전문성을 가진 종합병원을 만들어 의료 서비스의 질을 높인다. 문화적인 측면에서도 극장, 공연, 스타디움. 스포츠 시설 등 문화 시설과 프로그램을 확대하고 문화 행사와 지역 축제를 개최하여 지역 사회의 결속력을 강화할 수 있다. 또 교통 인프라를 개선하여 지역 내 이동성을 높이고, 효율적인 대중교통 시스템을 구축하며 지역 간 연결성을 강화하여 주민들이 편리하게 이동할 수 있는 환경을 조성한다. 이러한 종합적인 접근은 지역 거점 도시의 발전을 통해 주민들의 삶의 질을 향상시키고 지역 경제를 활성화하는 데 기여할 것이다.

'5도 2촌' 정책

일주일 중 5일은 도시, 2일은 농산어촌에서 생활하는 '5도 2촌'을 활성화해야 한다. 주중에는 도시 직장에서 일하고 주말에는 시골에서 전원생활을 즐기도록 하자는 것이다. 이 정책은 도시와 농어촌 간의 균형 발전을 촉진하고, 주민들이 다양하고 풍요로운 삶을 영위할 수 있도록 하는 데 중점을 두고 있다. 도농 간의 경제적, 사회적 연결성을 강화하고, 농어촌 지역의 지속 가능한 발전을 도모하고자 한다.

생활 인구 개념의 도입은 5도 2촌 정책의 핵심 요소 중 하나이다. 생활 인구란 특정 지역에서 일정 기간 거주하는 인구를 의미하며, 이를 통해 도시와 농어촌 간의 인구 이동을 보다 체계적으로 관리하고 활성화할 수 있다. 거주지 등록을 도시와 농촌 모두에 할 수 있게 하고, 이를 기초로 행정을 펴나가는 것이다.

도시 거주자들이 농어촌에 일정 기간 머무르면서 소비 활동을 하게 되면, 농어촌 지역의 상권이 활성화되고 지역 경제가 성장할 수 있다. 생활 인구가 증가함에 따라 도시와 농어촌 간의 교류가 활발해진다. 이는 지역 주민들이 서로의 문화를 이해하고, 다양한 경험을 공유하는 기회를 제공할 수 있다.

농어가 주택을 다주택 개념에 포함하지 않는 방안도 필요하다. 도시 거주자들이 농어촌에 거주지를 소유하고, 주말이나 휴가 기간에 농어촌에서 생활할 수 있게 된다. 이렇게 되면 도시 거주자들이 농어촌 지역에 주택을 구매하거나 임대할 기회가 늘어난다. 이는 농어촌 지역의 주택 수요를 증가시키고, 결과적으로 농어촌 지역의 부동산 시장을 활성화하는 데 기여할 것이다.

또 지방교부세나 지방세 일부 세목도 산정 기준을 바꿔 7분의 5는 도시, 7분의 2는 농어촌 자치단체의 몫으로 설정한다. 일례로 거주지가 서울인 직장인 A씨가 경북 봉화를 제2 거주지로 정했을 경우, 봉화군은 A씨의 7분의 2에 해당하는 몫의 지방교부금을 받을 수 있게 하는 것이다. 또한 지방세도 같은 방식으로 부과할 수 있도록 한다. 이는 도시와 농어촌 간의 재정적 균형을 맞추고, 농어촌 자치단체에 대한 지원을 강화하는 데 중점을 두고 있다.

지방교부세 등의 산정 기준이 바뀌면 농어촌 자치단체의 재정이 늘어난다. 이는 농어촌 지역의 인프라 개선, 주민 복지 증진 및 지역 개발 프로젝트에 필요한 자금을 확보하는 데 크게 기여할 것이다. 재정을 안정적으로 확보하게 되면 지역 주민들을 위한 다양한 정책을 지속적으로 추진할 수 있는 기반이 마련된다.

첨단 산업 지방 분산

지방이 살길은 기업 유치에 있다. 일자리를 많이 만드는 것이 무엇보다 중요하다. 첨단 산업 지방 분산 정책은 수도권 중심의 경제 구조에서 벗어나 지역 간의 균형 발전을 도모하고, 지방 경제를 활성화하기 위한 중요한 전략이다. 이 정책은 반도체와 같은 첨단 산업의 생산 기지를 지방으로 분산시키고, 대기업 및 앵커 기업의 지방 이전을 촉진하여 지역 경제의 자립성을 높이는 데 중점을 두고 있다.

반도체와 같은 국가 전략 산업은 국가의 경제와 안보에 중대한 영향을 미치기 때문에, 생산 기지를 수도권에만 집중하는 것은 위험할 수 있다. 지방으로 생산 기지를 분산시키는 것은 지정학적 리스크를 분산하고, 국가의 산업 안전망을 강화하는 데 기여할 것이다. 지방에는 상대적으로 넓은 공간과 자원이 있어, 대규모 반도체 생산 시설을 구축하기에 적합하다. 지방의 전력 및 용수 공급이 원활하게 이루어질 경우, 반도체 생산에 필요한 인프라를 충분히 지원할 수 있어, 기업의 운영 효율성을 높일 수 있다.

대만이나 일본은 반도체 클러스터를 3~4곳으로 분산하여 운영하고 있다. '계란을 한 바구니에 담지 말라'는 금언도 있지만, 양안 위협 등 정치 군사적 리스크 또는 지진 등 자연재해 우려 등의 위험을 피하기 위한 것이다. 우리 반도체 산업은 평택 용인 충주 등 한정된 지역에 집중되어 있다. 집적에 따른 시너지, 인력 조달의 용이성 등의 장점도 있지만, 용수, 전력 확보 등에서 심각한 곤란을 겪고 있다. 따라서 차기 반도체 클러스터는 용수와 전력 확보가 용이한 후방의 군위 등지로 분산 배치하는 것이 절대적으로 필요하다. 핵심 전문 인력 조달 문제를 우려하는 시각도 있으나 이는 기업과 해당 지자체의 노력으로 충분히 극복할 수 있다.

 기업들이 지방으로 이전하게 하려면, 대기업과 앵커 기업들이 지방에 새로운 시설을 구축하거나 기존 시설을 확장할 수 있도록 유도하는 것이 중요하다. 이는 지역 경제에 긍정적인 영향을 미치고, 일자리 창출에 기여할 것이다. 지방으로 이전하는 기업에게는 금융 및 세제 혜택을 최대한 활용해야 한다. 지역별로 특구를 정해 저렴한 부지 제공, 세금 감면이나 보조금을 제공하여 기업의 시설 투자나 연구 개발(R&D) 투자에 대한 부담을 획기적으로 줄여줘야 한다.

제2부

**기업에게 자유를! 서민에게 기회를!
청년에게 꿈을!**

8.
따뜻한 가정, 건강한 공동체

사회적 격차 해소는 선진대국의 임무다.
우리에게는 지켜야 할 윤리와 가치가 있다.
모든 것이 옹호되어서는 안 된다.
보호할 만한 인권만을 보호해야 한다.

차별 금지가 아닌 격차 해소

"차별 금지에서 격차 해소로!"

모든 격차 해소는 국가적 책무이다. 격차는 성별, 연령, 지역 등 모든 곳에서 발생한다. 천부적이거나 태생적인 차이를 넘어 사회적 격차를 줄이는 노력은 선진대국의 당연한 임무이다.

우리에게는 지켜야 할 윤리나 가치가 있다. 이에 대한 적극적인 확신과 옹호가 필요하다. 아닌 것은 아닌 것이다. '차별 금지'의 명목으로, 모든 것이 옹호되거나 권장되는 것으로 이해되어서는 안 된다.

우리는 차별 금지의 문제로 볼 것이 아니라 부족한 부분을 보완, 강화하는 격차 해소의 관점에 더욱 주목해야 한다. 모두 가난하고 힘들었던 시절에 비해 급속한 경제 성장과 함께 출현한 다양한 사회적 격차는 더욱 민감하게 느껴질 수밖에 없다.

격차와 차별은 다른 것이다. 차별은 천부적 생리적 차이조차 무시하고 일률적으로 재단한다. 특히 윤리적, 도덕적, 사회문화적 차이조차 무시한 채 '정치적 올바름 주의(PC, political correctness; 인종, 성별, 장애, 종교, 직업 등에 관한 편견이나 차별이 섞인 언어 또는 정책을 지양하려는 신념, 혹은 그러한 신념을 바탕으로 추진되는 사회 운동)'에 과도하게 쏠려 모든 차이를 거부하는 것은 정의롭지 못하다.

단순히 모든 사람에게 똑같은 조건을 제공하는 것이 아니라, 누구나 공정한 기회를 가질 수 있도록 환경을 조성하는 것이 핵심이다. 성별, 세대, 지역, 경제적 정보 등의 격차는 우리 사회의 구조적 문제로 작용하고 있으며, 이를 해소하기 위해서는 정부뿐만 아니라 가정과 공동체의 역할이 함께 강조되어야 한다.

우리 사회는 급속한 경제 성장과 함께 다양한 사회적 격차가 발생했다. 남녀 불평등, 세대 갈등, 장애인 차별, 디지털 격차, 지역 격차, 경제 정보 격차 등은 사회 통합을 저해하는 주요 요인이다. 단순한 보조금 지급과 같은 나눠주기식 접근이 아니라, 격차를 실질적으로 줄일 수 있는 정책과 구조적 개혁이 필요하다.

첫째, 성평등 문제는 양성 간 격차를 해소하는 방향으로 가야 한다. 남성이든 여성이든 동등한 기회를 가질 수 있도록 하고, 여성의 경력 단절 해소 및 남성의 육아 참여 확대를 통해 성별에 따른 사회적 불이익을 줄여야 한다.

둘째, 세대 간 격차 해소도 중요하다. 청년과 노년층 간의 갈등이 심화되면서 노동시장 내 연령 차별 문제와 연금 문제 등이 부각되고 있다. 노령 연령 상향 조정과 세대 간 상생할 수 있는 정책이 필요하다. 일할 의지가 있고 일할 능력 있는 노년층이 자유롭게 일을 계속할 수 있도록 해야 한다.

셋째, 장애인 격차 해소는 단순한 복지 지원을 넘어, 장애인의 경제적 자립과 사회적 활동 참여를 보장하는 환경을 조성해야 한다. 장애인 고용 확대, 사회 참여 기회 보장, 이동권 개선 등의 정책이 동반되어야 한다.

넷째, 디지털 격차(digital divide) 해소는 미래 디지털 사회로 나아가기 위한 필수 요소다. 기술 발전이 급속하게 이루어지면서 고령층과 저소득층은 디지털 접근성이 부족한 문제가 심각해지고 있다. 학생이 줄어들고 있는 대학을 비롯한 지역 교육기관이 민간 기업들과 협력해서 성인들의 재교육에 적극 나서야 한다. 이를 통해 성인의 교육 격차, 디지털 격차를 해소하고 지역 교육 기관들은 새로운 교육 수요를 확보할 수 있다.

디지털 격차 해소

대구광역시의 ABB 과학 행정을 참고할 필요가 있다. 대구광역시는 민간 기업과 손잡고 대구광역시를 'AI 시범 도시'로 바꾸고 AI 교육과 활용을 확대하고 '대구로'나 '다대구' 앱을 활용한 행정 서비스 제공에 적극 나섰다. 특히 휴대폰 활용, 키오스크 교육 등 디지털 소외 계층을 위한 기술 교육을 확대하고, 스마트 기기 개발과 보급을 지원하는 정책도 추진 중이다.

다섯째, 지역 격차 문제는 지방 소멸 문제와도 연결된다. 수도권과 지방 간 경제력, 교육 기회, 일자리 등의 차이가 점점 더 커지고 있으며, 이를 해결하기 위해서는 지방 균형 발전 정책이 필수적이다. 지방에 양질의 일자리 창출과 교육 기회 확대를 추진하는 정책이 적극적으로 시행되어야 한다. 무엇보다 중앙 정부의 권한 이양과 규제 완화를 통해 지역별로 특화된 산업·노동 정책을 수립할 수 있도록 해야 한다.

여섯째, 경제 정보 격차 해소도 중요하다. 숱한 투자 사기, 금융 사기 등은 금융정보의 불균형에 그 큰 원인이 있다. 금융·증권·가상 자산 시장의 정보 격차와 공매도의 불균형 문제는 일반 투자자들에게 불리한 면이 있다. 이를 개선하기 위해 공시 제도 개선 등 정보의 공정한 공유, 불공정 거래 근절, 금융 교육 강화가 필요하다.

● 차별 금지에 대한 새로운 접근 필요

지금의 차별 금지 내용은 모든 내용과 대상을 동일하게 대우하면서 보편적 포괄적 평등을 전제로 하고 있다. 이는 역설적으로 소수자 등 특정 집단의 평등한 권리 옹호를 지나치게 강조함으로써 사회 전체의 균형을 해칠 수 있는 위험이 있다. 특히 우리의 윤리와 도덕, 공공선을 도외시한 채 기계적 균형만을 앞세우고 있다. '정치적 PC주의'의 도그마와 환상에서 벗어나야 한다.

PC주의에는 동성애와 페미니즘, 환경주의의 일종인 비건주의와 탄소 중립, 지나친 동물권에 대한 집착 등이 포함돼 있다. PC주의가 넘치다 보니 본래 취지인 평등을 위한 소수의 권리 보장이 아니라 소수가 다수에게 강요하고 억압하는 상황으로 변질되고 있다.

과거 미국은 PC주의 확산으로 공립학교에 생물학적 성과 상관없이 화장실을 사용할 수 있도록 하는 행정 지침을 내려 '성 중립 화장실'이 설치되기도 했다. 또 동성애, 흑인을 차별하는 내용이 포함된 책의 학교·공공도서관 비치를 금지하는 조치를 내리기도 했다. 트랜스젠더 선수의 여성부 경기 출전이 허용되면서 생물학적 성의 한계를 뒤집기도 했다.

우리나라도 '동성애'나 '퀴어 축제'가 공공연해지고 성 중립 화장실이 만들어지기도 했다. 또 '유니버설 디자인(universal design)'이란 이름으로 성별 구분이 없는 모든 사용자가 이용할 수 있도록 시설 설계를 강제하려는 움직임까지 나오고 있다. 혼인이나 혈연 외에 성별 구분 없이 성인 둘이 합의하면 '동거 가족'으로 인정하자는 '생활 동반자법' 주장도 나오고 있다.

지금부터 우리 사회에서 각국에서 실패한 PC주의가 다시 활개 치게 해서는 안 된다. 미국은 물론 유럽에서도 PC주의에 대한 반성이 일어나고 있다. 특정한 이데올로기로 무장한 잘못된 신념을 보편화하여 국민에게 또 다른 강제를 일삼고 있는 것이다. 여기서 더 퍼지지 않도록 해야 한다.

또 우리가 옹호해야 할 차별 금지의 내용을 새롭게 정할 필요가 있다. 남여 결합으로 구성되는 가족과 가정의 의미를 되새겨야 한다. 외국인에게 부여하는 권리, 성적 지향성에 대한 접근 등은 새로운 시각에서 재정의 되어야만 한다.

패밀리즘 확산

패밀리즘(familism)은 '건강한 가정이 해답이다'라는 원칙을 기반으로 한다. 극단적 페미니즘(feminism)이나 정치적 올바름이라는 'PC주의'에 맞서는 힘은 가족주의에서 찾을 수 있다. 우리는 국가와 공동체, 개인의 자유를 지키기 위해서는 모든 사회 현상을 옹호할 수 없으며, 오직 '지켜야 할 가치'를 지지해야만 한다.

지금 너무나 많은 서구의 사조들이 무분별하게 들어와 과잉 상태를 보이고 있다. 과거 여성 인권 보호를 위해 시작되었던 페미니즘은 우리 사회 발전에 기여했다. 그러나 지금은 양성평등을 넘어 오히려 남성이 불이익을 받는다는 지적이 나올 정도가 되었다. 여기에 PC주의가 도입되었고, 특정 진영의 무기로 왜곡되면서 사태는 더욱 악화되었다.

이런 급진 페미니즘이나 PC주의는 좌파 중심의 일종의 사상적 진지전으로, 국가와 공동체와 특히 가족 해체를 촉진한다. 좌파 이념과 민족주의를 함께했던 진보 페미니즘은 점차 기득권 세력으로 바뀌었고, 진영 논리에 따라 성폭력 가해자를 오히려 두둔하는 이율배반적인 모습을 보였다.

과격한 페미니스트들에 의해 형성된 급진 페미니즘은 섹스, 연애, 결혼, 출산 등을 남성에 의한 생리적 폭력으로 간주하면서 거부했을 뿐만 아니라, 남성을 주적으로 삼아 남성 혐오를 키워갔다. 사회적 성소수자, 동성애자에 대한 입장도 마찬가지이다. 독재 시대처럼 탄압하지 않지만 옹호하거나 지지할 수는 없다. 소수자에 대한 배려는 배려일 뿐, 이를 곧 인정으로 받아들일 수는 없는 것이다. 우리의 공동체와 가정, 패밀리즘의의 옹호를 위해 이념적 PC주의와 급진적 패미니즘에 대한 반성이 필요하고 맹목적으로 서구의 특정 이념을 추종하는 건 아닌지 돌아봐야 한다.

우리가 일과 가정이 조화롭게 양립할 수 있는 환경을 조성하는 것도 중요하다. 동시에 가족과 가정을 지키고 결혼을 유지하며 아이를 낳고 양육하는 일도 대단히 가치 있고 아름다운 일이다.

'지켜야 할 가치를 견결히 지켜내는 것', 이것은 진정한 보수의 가치이고 이것이 우리 사회의 건강함이라 믿어야 한다. 지금 동시대, 우리 사회에서 '아닌 것은 아닌 것'이며, '부적절한 것은 부적절한 것'이다. 이런 믿음이 흔들릴 이유는 없는 것이다.

범죄자는 감방으로

우리나라가 정의로운 사회가 되기 위해서는 누구도 법 위에 군림할 수 없다. 정치 권력을 이용해 부정을 저지르는 정치 고위층, 조폭과 같은 범죄 조직, 금융 범죄를 일삼는 경제 사범들은 반드시 척결해야 한다. 대한민국의 법과 질서는 공정하게 유지되어야 하며, 권력과 돈을 이용해 법망을 빠져나가는 이들을 용납해서는 안 된다.

특히 범죄 정치인과 법비法匪, 법꾸라지라고 불리는 자들은 국민을 기만하고 법을 악용하여 사회 혼란을 야기한다. 이러한 자들은 법과 정의의 이름으로 반드시 척결해야 한다.

국민이 신뢰할 수 있는 정치 시스템을 만들어야 한다. 정치 권력과 법조계, 경제계에서 불법 행위를 저지른 자들이 솜방망이 처벌을 받고 빠져나간다면, 국민의 분노와 불신은 더욱 커질 수밖에 없다. 법이 공정하게 적용되지 않는다면 사회적 불만과 갈등은 지속될 것이며, 결국 우리 미래에도 부정적인 영향을 미칠 것이다.

경제 사범 또한 우리 경제 질서를 무너뜨리는 주범들이다. 금융 범죄, 대기업의 불법 담합, 내부자 거래, 횡령 및 배임 등 경제 범죄를 근절해야 하며 이에 대한 법적 처벌을 강화해야 한다. 국민의 돈을 이용해 부당이득을 취하는 이들에게 면죄부를 주는 사회가 되어서는 안 된다.

또한 최근 인터넷과 유튜브를 통한 가짜 뉴스와 허위 선동 콘텐츠의 확산이 사회적 문제로 대두되고 있다. 사이비 유튜버들이 허위 사실을 조작하여 여론을 왜곡하고, 국민을 선동하는 행위는 민주주의를 위협하는 심각한 문제다. 또 타인의 명예나 존엄, 사생활 정보를 콘텐츠로 만들어 돈벌이에 골몰하는 '사이버 렉카', 사회 패륜형 유튜버는 더욱 문제다.

언론과 정보의 자유는 보장되어야 하지만, 허위 정보와 조작된 뉴스가 난무하는 환경에서는 국민의 올바른 판단이 어렵다. 따라서 '사이버 렉카'의 불법 행위와 가짜 뉴스를 퍼뜨리는 자들에 대한 강력한 법적 대응이 필요하며, 정보의 신뢰성을 높이는 대책을 마련해야 한다.

흉악범 사형 집행

법은 범죄자가 아니라 국민을 보호하기 위해 존재해야 한다. 흉악범에 대한 사형제를 부활시켜 법과 정의를 바로 세워야 한다. 지금 우리는 59명의 사형수 보호를 위해 1인당 연간 3,100만 원을 쓰고 있다.

'법은 보호할 만한 인권만을 보호한다'는 원칙을 확고히 하고, 유가족과 피해자의 인권이 우선되어야 한다. 또한 범죄자는 범죄에 대한 응분의 대가를 치러야 한다. 최근 살인, 강간, 아동

성범죄 같은 강력 범죄가 지속적으로 증가하고 있다. 사형이 집행되지 않아 관련 형법 조항이 사문화된 지 오래이다. 심지어 사형수들이 법질서를 농락하는 일까지 벌어지고 있다. 또한 흉악범 신상 공개도 범행이 확인되면 지체 없이 이루어져야 한다.

    수천 년 이어온 사형제를 굳이 시행하지 않을 이유가 없다. 우리와 관련이 많은 미국, 일본, 중국 등은 모두 사형을 집행하고 있다. 흉악 범죄에 대한 강력한 처벌을 통해 국민의 안전을 보장하고, 범죄 예방 효과를 높여야 한다. 유가족의 피눈물을 닦아 주어야 한다.

제2부

**기업에게 자유를! 서민에게 기회를!
청년에게 꿈을!**

9.
환경과 에너지 그리고 물

원전과 신재생의
에너지 믹스로 나가야 한다.
식수 전용댐을 건설하고
수계를 연결해야 한다.

친환경과 탄소 중립

　친환경과 탄소 중립 정책에 대한 유연한 대응은 현대 사회에서 매우 중요한 이슈이다. 특히 '2050 탄소 중립(net-zero)' 논의는 각국의 정치적, 경제적 상황에 따라 다양한 반응을 불러일으키고 있다. 그러나 미국의 이산화탄소연맹 및 보수 성향의 싱크 탱크인 헤리티지 재단 등은 탄소 중립 정책에 대한 반대 입장을 표명하고 있다. 이들은 탄소 중립을 위한 정책이 기업과 소비자에게 과도한 경제적 부담을 초래하여 산업계의 경쟁력이 약화될 수 있다는 것이다.

　따라서 친환경과 탄소 중립 정책에 대한 유연한 대응은 다양한 의견과 이해관계를 수용하는 것이 중요하다. 탄소 중립 목표가 기후 변화 대응을 위한 필수적인 요소임에도 불구하고, 경제적 현실과 기술적 가능성을 고려해야 한다. 탄소 중립 정책은 단순히 목표를 설정하는 것에 그치지 않고, 경제적 지속 가능성과 기술 발전을 함께 고려한 실질적인 접근이 필요하다.

원전과 신재생 에너지 믹스(mix)

원전과 신재생 에너지 믹스는 우리 에너지 정책에서 중요한 방향이다. 특히 좁은 국토와 제한된 에너지원을 가진 우리나라가 'AI 시대' 대비와 탄소 중립 목표를 달성하기 위한 필수 전략이다.

● 원전 르네상스의 개막

원자력 발전은 지속적인 전력 공급이 가능한 기저 전력원으로 전력의 안정적 공급의 핵심이다. 원전은 탄소 배출을 최소화하면서 대량의 전력을 안정적으로 생산할 수 있는 장점을 가지고 있다. 이는 기후 변화 대응을 위한 필수적인 대안으로 인식되고 있으며, 여러 국가에서 탄소 중립 목표를 설정하면서 원전의 중요성이 더욱 부각되고 있다.

우리는 사용 전력의 100%를 신재생 에너지로 조달한다는 'RE100'에서 원전을 중심으로 하는 탄소 중립 'CF100'으로 전환해야 한다. 원자력은 국제 사회에서 탄소 중립 목표를 달성하기 위한 중요한 요소이며 기후 변화 완화에 기여하는 실질적 수단이다. 우리는 RE100 대신 CF100에 주력하고 이를 글로벌 표준으로 확산시켜야 한다. 원전 운영 경험과 제작 능력을 갖춘 우리가 원전 'CF100 라운드'를 기반으로 선진대국 도약으로 나서야 한다.

대구광역시는 원전과 신재생 에너지의 조화로운 에너지 믹스(mix)를 통해 선도적인 에너지 정책을 추진하고 있다. 특히 대구경북신공항에 인근 군위에 건설할 SMR(소형 모듈 원자로) 선제적 도입, 대구 13개 산단의 '산단 지붕형 태양광 사업'은 주목할 만한 사례로, 신재생과 원전의 이상적인 결합 모델로 평가받고 있다.

민선 8기 대구광역시는 '산단 지붕형 태양광 사업'을 이른바 '좋은 태양광 사업'으로 설정하고 2050 대구광역시 탄소 중립의 중심 사업으로 선정했다. 이 사업은 대구광역시 산업 단지의 지붕을 활용하여 낡은 지붕을 개보수하고 슬레이트 지붕을 걷어내고 태양광 발전을 하는 일석삼조의 사업이다. 대구 도심 면적의 15%에 달하는 산업 단지 지붕에 태양광 발전시설을 설치해 신재생 에너지 시설을 보급할 뿐만 아니라 1급 발암 물질인 노후 석면 슬레이트 공장 지붕 116만m^2 전체를 철거하여 총 1.5Gw규모 발전을 계획한 바 있다. 지금 이 사업 모델은 전국으로 확산하고 있으나, 각종 규제의 해제, 보조금 제도 개편 등의 중앙 정부 차원의 지원이 필요하다.

SMR 확대 및 조기 상용화

SMR(소형 모듈 원자로)은 기존 원전보다 작은 규모로 설계되어, 건설 기간과 비용이 적게 들고 대형 원전보다 안전하다. 소형 원자로는 에너지 소비 지역에 직접 전력을 공급할 수 있어 대형 원전의 송배전 문제도 발생하지 않는다. 또한 출력 조절이 쉽고 출력 방식도 스팀이나 전력의 전환이 용이하여 SMR 산업 생태계 조성에 유리하다. 군위에 계획하는 SMR는 680MW 규모로 대구경북통합신공항 첨단 산단에 한전 그리드보다 약 30% 저렴하게 공급한다. 또 일부는 스팀 생산으로 돌려 함께 이전할 염색 산단의 증기로 공급하고 인근 공항도시(에어시티)에 지역 난방으로 활용한다. 또 뜨거운 수증기를 이용한 수소 생산, 잔열을 이용한 스마트팜 활용 등 다양한 산업 생태계를 조성한다는 목표를 가지고 있다.

분산형 발전의 최적 모델인 SMR의 상용화는 원자력 발전의 새로운 패러다임을 제시하고 있다. 우리나라에서 최초의 SMR 상업 운전이 이루어질 경우, 이는 국내외 에너지 시장에서 중요한 이정표가 될 것이다. 250만 대도시 인근에 건설되면서 해안형이 아닌 내륙형, 도심지 전력원의 실증모델이 된다. 이는 대구광역시가 선택한 한수원의 혁신 SMR(i-SMR)이 글로벌 시장으로 진출하고 세계 시장을 선도하는 출발점이 될 것이다.

2025년 제11차 전력수급기본계획에 따르면, SMR은 초기 단계로 1기(0.7G급) 건설을 계획하고 있다. 그러나 SMR 건설을 늘려 상용화를 가속화해야 한다. 군위는 1+1으로 하여 약간의 시차를 두고 2기를 짓고, 다른 2기는 해양형과 내륙형으로 각각 건설하는 방안도 모색해야 한다. 1+1 개념은 SMR의 기술적 성숙도를 높일 수 있다. SMR 2기가 동시에 건설·운영되면 1기에서 발생한 운전 데이터를 다른 SMR에 적용하는 등 운용상의 편의성이 늘어난다. 따라서 SMR 2기의 확대는 기술의 검증을 더욱 강화하고, 실제 운영을 통해 얻은 데이터를 기반으로 지속적인 발전을 이끌어 낼 수 있어 시장 경쟁력을 강화할 수 있다. SMR의 상용화가 이루어질 경우, 국내 원전 기술의 경쟁력을 높이는 데 기여할 수 있다. 이는 글로벌 에너지 시장에서의 입지를 강화하고, 수출 기회를 창출하는 데 중요한 역할을 할 것이다.

AI 시대 개막과 이를 위한 데이터 센터에 대한 안정적 전력 공급이 더욱 중요하다. 전력 소비 시설 인근에 설치하여 송전선로가 필요 없는 SMR이 실질적이고 현실적인 대안이다. 따라서 SMR의 조기 상용화를 위해 2030년 초반을 목표로 개발과 건설을 서둘러야 한다.

> **전국 최초 소형 모듈 원자로(SMR) 건설 추진**
>
> 2024년 6월 대구광역시는 한국수력원자력과 SMR 사업화 협약을 체결했다. 대구경북신공항 인근 군위 첨단 산업단지에 총

> 4조원 규모의 SMR 건설이 진행되고 있다. 발전 용량 680MW급 혁신형 i-SMR을 건설할 계획이다. 조기 건설을 통해 세계 최초 SMR 상업 운전에 도전하는 것이며, 향후 우리 SMR이 글로벌 시장에 진출하는 중요한 토대가 될 것이다.

● 에너지 글라스와 산단 지붕형 태양광 사업

태양광 발전은 지속 가능한 에너지 생산의 중요한 분야이다. 에너지 글라스(energy glass)와 '산업단지 지붕형 태양광 사업'은 기존의 태양광 설치 방식을 혁신하는 것으로 더욱 효율적이고 환경친화적인 에너지 생산을 가능하게 한다.

에너지 글라스는 태양광 발전 기능을 갖춘 유리를 건물의 외벽이나 창문에 설치한다. 이는 '건물 통합형 태양광 설비'로, 건물의 디자인과 기능성을 해치지 않고 전력을 생성할 수 있다. 최근 투명도가 높은 에너지 글라스가 나와 건축물의 미적 요소와 기능성을 동시에 충족할 수 있다. 에너지글라스 건물은 에너지를 생산함과 동시에 소비를 줄여 건물의 에너지 자립도를 높이고 운영 비용을 절감하는 효과를 가져온다.

산업 단지의 지붕을 활용한 태양광 발전 사업은 기존의 유휴 공간을 활용하여 효율적으로 전력을 생산하는 방법이다. 우리나라 전체 산단 내 태양광 '기술적 잠재량'은 14.69GW 규모로 대형 원전 10기에 해당하는 규모이다. 신규 산업단지에 입주하는 기업들이 지붕에 태양광을 설치하도록 의무화하고 기존 산단은 지붕형 태양광 설치를 유도한다. 기업은 에너지 비용을 줄이고 RE100 인증 등을 확보하여 제품 수출에 도움을 얻을 수 있다. 이를 위해 정부는 지붕 불법 구조 변경, 태양광 설비 소유권 승계 문제 등의 해결에 필요한 법적 제한을 풀고 보조금 등 인센티브를 강화해야 한다.

이제 땅 위에 직접 태양광 패널을 놓은 방식은 지양할 때가 되었다. 과거처럼 산을 깎고 농지를 갈아엎어 태양광을 하는 방식을 더 이상 안 된다. 그 어떤 지목이든 모든 땅 위에 직접 태양광을 설치하는 것을 억제해야 한다. '좋은 태양광 발전'만이 자연 생태계와 환경 보호에 기여할 수 있으며, 무분별한 개발을 방지하는 데 중요한 역할을 한다.

해저 유전 개발 – '그레이트 코리아 국부 펀드' 조성

산유국은 우리의 오랜 꿈이었다. 과거 포항 앞바다에서 석유가 나온다고 했을 때 우리는 큰 기대를 가졌었다. 해외 유전 개발로 일부 석유를 확보하고 있으나 우리 땅과 바다의 경제성 있는 유전 개발은 남의 일처럼 여겨지고 있다.

그러나 과학 기술과 탐사 능력이 높아지고 원유 가격이 일정한 수준을 유지하면서 우리 연근해 해저 유전에 대한 관심이 높아지고 있다. 과거의 수준과 능력으로 미래를 재단해서는 안 된다. 마침 미국 트럼프 대통령도 석유 자원 중시 정책으로 돌아섰다. 지금이 우리 바닷속 유전을 개발하기 위한 최적기이다.

우리는 해외로 팔아 수익을 낼 변변한 지하자원도 없이 오직 수출로 경제를 일으켰다. 이제 우리도 지하자원의 덕을 볼 수 있다면 마땅히 그리 해야 한다.

동해의 대왕 고래, 마귀 상어 등 여러 프로젝트를 중단 없이 추진해야 한다. 아울러 남해 제7광구 개발도 서둘러야 한다. 일본과 제7광구 공동 개발을 위한 협의를 조속히 추진해야 한다. 아울러 우리 동해·서해·남해의 유전 개발에도 힘을 실어야 한다.

또한 미국 알래스카의 LNG 개발과 가스 도입에도 적극 참여해야 한다. 이는 한·미·일 에너지 협력의 이정표가 될 수 있다. 우리는 강점이 있는 가스관 건설 및 LNG 터미널, LNG 탱커 건조 등에서 크게 기여하고, 투자를 통한 장기 계약으로 안정적인 에너지원을 확보해야 한다.

서쪽에서 동쪽으로!

우리는 에너지 확보를 위해 동쪽으로 눈을 돌려야 한다.

중동의 석유와 가스 일변도에서 미국의 원유와 에너지 그리고 우리 동해 해저 원유와 제7광구 개발 등으로 에너지원을 다변화해야 한다. 이것이 미래 에너지 안보의 길이다.

바닷속 석유 채굴과 알래스카 가스 개발 이익을 활용해 미래 세대를 위한 국부國富펀드로 조성해야 한다. 도전하지 않으면 미래는 없다. 도전 성공으로 얻을 수익은 퍼주기로 나눠 쓰지 말고 미래를 위해 투자하는 지혜가 필요하다.

노르웨이는 북해 석유 개발로 '노르웨이 석유 펀드(SPU, Statens pensjonsfond Utland, 2,500조 원)'를 조성하여 글로벌 기업과 미국 국채 등에 투자하고 있다. 사우디아라비아는 자국 석유 개발로 얻은 수익을 '사우디 국부 펀드(PIF, Public Investment Fund, 1,000조 원)'로 조성하고 투자하고 있다.

우리 바다에서 석유가 펑펑 쏟아지는 산유국의 꿈은 저절로 이루어지는 것은 아니다. 실패와 당장의 비용을 두려워할 것이 아니라 투자 재원을 모으고 도전하고 또 도전해야 한다. 박정희 대통령이 그 많은 반대에도 불구하고 미래를 보고 경부고속도로를 놓았듯이, 우리는 미래에 대한 투자에 힘을 모아야만 한다.

에너지 산업의 전주기 밸류체인 강화

전 세계 에너지 시장은 지속 가능한 발전과 기후 변화 대응을 위해 빠르게 변화하고 있다. 이러한 변화에 대응하기 위해 원전, 풍력, 태양광, 수소, ESS(에너지 저장장치) 산업의 전주기 밸류체인을 강화하는 것이 필수적이다. 각 산업의 특성과 상호 연관성을 고려하여, 전주기 밸류체인을 강화하고 첨단 기술을 상용화하는 방향으로 나아가야 한다.

원전의 설계와 건설 과정에서 최신 기술을 적용하여 효율성을 극대화해야 한다. 특히, 소형 모듈 원자로(SMR) 기술을 통해 안전성과 경제성을 동시에 확보할 수 있다. SMR은 기존 대형 원자로에 비해 건설 기간이 짧고, 초기 투자 비용이 낮아 지역 에너지 수요에 맞춘 유연한 대응이 가능하다.

원전의 운영과 유지 보수를 위한 자동화 및 디지털 트윈 기술을 도입해, 실시간 모니터링과 예측 유지 보수를 통해 운영 효율성을 높여야 한다. 이러한 기술은 사고 예방 및 운영 비용 절감에 기여할 수 있다.

원자력 연료의 재활용과 폐기물 관리 시스템을 강화하여, 지속 가능한 원전 운영이 가능하도록 해야 한다. 이를 통해 원전의 환경적 영향을 최소화하고, 사회적 수용성을 높일 수 있다.

- **사용 후 핵연료 재활용**

'사용 후 핵연료'는 전력 생산을 위해 원전에서 연료로 사용한 후 원자로에서 인출된 핵연료로, 국내에서 사용하는 핵연료는 원자력 발전소 유형에 따라 경수로형 핵연료와 중수로형 핵연료로 구분된다. 사용 후 핵연료는 우라늄과 플루토늄 등 다시 활용할 수 있는 자원을 추출할 수 있기 때문에 재활용이 가능하다.

그러나 우리나라는 한미원자력협정에 따라 미국의 사전 동의나 허락 없이 핵연료 농축과 재처리는 불가능하다. 그러나 2015년 한미원자력협정 개정을 통해 국내에서 연구 목적으로 사용 후 핵연료의 형상 또는 내용 변경이 가능하게 되었다. 우리나라는 사용 후 핵연료에 대한 영구적인 관리 방안이 없는 상태에서 현재까지 사용 후 핵연료를 원전 내에 임시로 저장하고 있다. 사용 후 핵연료는 원자력 발전의 아킬레스건으로, 사용 후 핵연료를 안전하고 정의롭게 처분하는 것은 원자력 찬반 여부를 떠나 반드시 현세대에서 해결해야 하는 숙제이다.

우라늄의 농축, 사용 후 핵연료의 재처리를 통해 원전의 발전용 연료를 확보하게 되면 비용이 낮아져 경제성을 높인다. 또 우리 원전 산업의 전주기 생태계 확보를 위한 필수 기반 기술이다. 한미 및 글로벌 협력을 통한 농축과 재처리에 온 힘을 모아야 한다.

● 풍력 산업의 인프라 확충

우리 신재생 에너지 산업을 글로벌 수준으로 성장시키기 위해 국내 풍력 산업 육성도 필요하다. 풍력 발전은 탄소 중립 실현과 에너지 자립을 위한 핵심 산업이며, 우리 미래 친환경 에너지 시장에서 경쟁력을 갖출 수 있도록 투자와 지원이 있어야 한다.

풍력 산업을 활성화하기 위해 육상 및 해상 풍력 발전 인프라를 대폭 확충해야 한다. 이를 위해 정부가 주도적으로 민간 투자 촉진을 유도하고, 입지 선정과 인허가 절차를 간소화해야 한다.

우리는 삼면이 바다로 둘러싸여 있어, 해상 풍력 발전에 최적화된 조건을 갖추고 있다. 특히 해상 풍력은 조선업과 연계 사업으로 시너지 효과를 기대할 수 있다. 북유럽 국가들이 해상 풍력 산업을 기반으로 글로벌 시장을 선도하는 것처럼, 우리도 대형 해상 풍력 단지를 조성하고, 글로벌 해상 풍력 시장에 진출할 수 있는 경쟁력을 확보해야 한다.

풍력 산업이 지역 경제와 함께 발전할 수 있도록 주민 참여형 모델을 도입하고, 지역의 기반 산업과 연계하여 새로운 성장 동력을 창출해야 한다. 지역 주민과 기업이 풍력 발전 사업에 직접 참여할 수 있도록 지분 참여 모델을 확대하고, 지역 사회와 상생할 수 있는 인센티브 제도를 마련해야 한다.

● 수소 산업 지원

청정 수소 생산을 위한 기술 개발을 지원해야 한다. 전해 수소 생산, 바이오매스 가스화 등 다양한 청정 수소 생산 기술을 연구하고 상용화해야 한다. 이를 통해 수소 경제의 기반을 다질 수 있다. 수소의 안전한 저장 및 운송을 위한 기술 개발이 필수적이다. 수소 저장 매체의 개발 및 고압 저장 기술, 액화 수소 운송 기술 등이 필요하다. 이를 통해 수소의 활용 범위를 넓힐 수 있다. 수소 충전소 및 배급망 구축에 대한 정부의 지원이 필요하다.

• 에너지 저장 장치(ESS) 산업 확대

ESS의 핵심인 배터리 기술을 혁신하여, 에너지 밀도와 수명을 늘리고 비용을 절감해야 한다. 리튬 이온 배터리 외에도 다양한 배터리 기술(예: 고체 배터리, 흐름 배터리 등)의 연구 개발이 필요하다. 특히 중국이 주도하고 있는 LFP배터리에 대한 집중적인 투자와 지원이 있어야 한다. ESS와 LFP는 이상적인 결합 체로, ESS는 다른 에너지원과의 통합 운영을 위한 에너지 관리 시스템 개발이 중요하다. 이를 통해 전력 수요와 공급을 최적화하고, 전력망의 안정성을 높일 수 있다. 또 폐배터리의 재활용 및 재사용 기술을 개발하여, 자원의 효율적 사용과 환경 보호를 동시에 추구해야 한다.

국가 물 관리 전략

국가의 물 관리 전략은 기후 변화, 인구 증가, 도시화 등 다양한 요인으로 인해 더욱 중요해지고 있다. 안정적이고 깨끗한 식수 공급을 보장하고, 수자원의 효율적인 관리와 보호를 위한 통합적 접근이 필요하다. 특히 낙동강 하류 지역은 식수 공급 문제와 물 부족 문제를 해결하기 위한 다양한 프로젝트를 추진해야 한다.

● 낙동강 하류 식수 공급을 위한 식수 전용댐 건설

전국적으로 맑은 댐물을 식수로 쓸 수 있도록 해야 한다. 특히 낙동강 하류 지역은 인구가 밀집한 지역으로 깨끗한 식수 공급이 필수적이다. 강물 지표수를 식수원으로 하는 곳은 낙동강 수역뿐이다. 이미 대구는 안동시와 협력하여 안동호의 맑은 물을 상수관로를 통해 100km 떨어진 대구로 끌어오는 '맑은 물 하이웨이' 사업을 진행하고 있다. 부산·경남 지역도 지리산 유역에 식수 전용댐을 건설하여 주민에게 안정적이고 안전한 식수 자원을 제공하여야 한다. 식수 전용댐은 수자원의 효율적 관리는 물론 지역 사회의 건강을 증진하는 데 기여할 것이다.

● 수계 연결: 남한강 – 낙동강 등 4대강 연결

4대강 수계 연결이 중요하다. 낙동강과 남한강 등 주요 수계를 연결하는 것은 기상이변과 기후 변화에 선제적으로 대응하기 위한 것이다. 수계 연결은 물 부족 문제를 해결하는 데 중요한 역할을 할 수 있으며, 각 하천 간의 수량 조절과 수질 개선에 기여한다. 남한강 충주댐과 낙동강 영주댐-안동댐-임하댐을 도수 관로로 연결하면 물그릇이 커져 활용할 수 있는 수자원의 양은 몇 배 늘어난다. 수도권에 물이 모자라면 낙동강 물을 보내고 그 반대도 가능해지는 것이다. 신규 댐을 짓는 것과 같은 효과를 가져온다.

또한 지류 및 지천을 준설하고 연계해야 한다. 4대강 사업은 본류 중심으로 진행되었고 이후 중단되면서 지류·지천 정비는 여전히 과제로 남아 있다. 지류와 지천의 정비는 하천 생태계의 건강성을 유지하는 데 필수적이다. 제2차 4대강 사업을 통해 하천의 수량과 수질을 개선하고 생태계를 보호해야 한다.

기후 변화에 따른 물 부족 문제를 해결하기 위해서는 중소 규모의 '기후 대응댐'이 필요하다. 수계별로 중소 규모 댐을 지어 물그릇을 확대하는 방향으로 지속적으로 추진해야 한다. 이러한 댐은 강수량의 변동성을 완화하고, 가뭄 및 홍수에 대한 대처 능력을 높인다.

기후 대응댐은 단순히 물을 저장하는 기능뿐만 아니라, 지역사회에 안정적인 수자원을 제공하고, 농업 및 산업 용수 공급에도 기여한다. 댐 건설에서 주민 참여를 높이고 자연 생태계와의 조화를 이루도록 해야 한다.

10.
문화대국 코리아

K-컬처의 힘은 나날이 커지고 있다.
문화의 힘은 또 다른 국력의 징표다.
우리 문화 영토를 넓혀 나가는 일은
곧 선진대국으로 가는 지름길이다.

문화대국 - 더 큰 문화 영토

　우리나라는 5천 년 역사의 찬란한 문화유산을 가진 문명국가이다. 역사의 부침은 있었지만, 근대 일부 기간을 제외하고는 세계 문명에 견주어 밀리지 않았다. 우리 국력이 커짐에 따라 우리 문화의 힘은 더욱 커지고 세계로 향하고 있다. 'K-컬처'를 향유하는 세계인들은 매년 늘어가고 있다. '한국을 알고 이해하고 정서를 함께 느끼는 것', 즉 한국의 것이 세계화되어 가는 과정인 것이다. 이런 문화의 힘은 경제력이나 국방력과는 또 다른 국력의 징표이다.

　문화대국은 산업, 과학 기술, 외교, 교육 등 모든 부문에 문화가 접목되고 이것이 세계로 확산되어 국제적 표준을 만드는 나라이다. 우리의 문화 콘텐츠와 문화유산을 세계에 알리고 나아가 기업 제품과 산업 경제 부문에 접목해야 한다.

　나아가 급속히 발전하는 IT, AI 등의 기술혁신과 접목하여 디지털 콘텐츠로 확장하는 것이다. 우리의 세계적 예술품을 미디어 아트, 디지털 트윈 등으로 재창조하고 세계인이 즐길 수 있도록 해야 한다. 대구의 간송미술관에는 혜원 신윤복의 '미인도'가 있다. 파리 루브르 박물관의 모나리자에 비견되는 시대의 걸작이다. 우리가 루브르로 가듯, 세계인들이 미인도를 보러 오게 해야 한다.

동시에 미인도를 이용한 '미디어 아트'도 만들고 '로미오와 줄리엣'의 모티브를 따서 다양한 예술 작품의 소재로 응용할 필요가 있다. 또 K-스포츠, 게임산업의 육성도 중요하다. 인기 있는 축구, 야구 등 스포츠 산업과 게임 산업을 육성하고 민간 스포츠 기업도 키워야 한다.

우리나라는 전 국토가 박물관이라 해도 과언이 아니다. 지역의 문화유산을 잘 보존하고 스토리텔링을 통해 관광 자원으로 개발해야 한다. 세계인들이 각 거점 공항을 통해 들어오고 지역 문화를 즐기고 돌아가도록 해야 한다.

K-컬처에 대한 해외에서의 관심이 높아지면서 해외 진출을 모색하는 아티스트나 K-스포츠맨, 기업들이 늘어나고 있다. 그러나, 저작권, 상표권 등 지식재산권과 관련된 문제가 발생하여 진출이 무산되거나 악의적 모방으로 인하여 권리를 침해받는 일들이 비일비재하다. 해외에서 문제가 생기는 사례를 실질적으로 방지하고 지원할 수 있는 체계를 구축할 필요가 있다.

또한 저작권과 상표, 브랜드 등 지식재산 전반의 경계가 없어지고 있지만, 현행 제도는 이러한 변화를 따라가지 못하고 있다. 기존의 저작권, 상표권, 디자인권 등으로 분류하여 보호

법령에 따라 소관 부처와 제도가 나누어지던 체계에서 K-컬처 지식재산을 통합적으로 보호하도록 해야 한다.

문화유산을 콘텐츠화하고 디지털로 확장하여 더 많은 사람이 즐길 수 있도록 하고 지식재산권 보호 체계를 갖추어야 한다. 우리 문화를 더 많은 세계인이 함께 즐기고 공감할 수 있도록 하는 것, 이것이 문화 영토를 넓히는 일이며 선진대국으로 가는 길이다.

'지원하되 간섭하지 않는다'

문화 예술은 사회의 정체성과 다양성을 반영하는 중요한 요소로, 국가의 발전과 국민의 삶에 깊은 영향을 미친다. 이러한 문화 예술 정책의 기본 원칙은 '지원하되 간섭하지 않는 것'이다. 민간 주도의 자율성을 존중하면서도 국가가 필요한 지원을 제공하는 방향으로 나아가야 한다.

문화 예술은 창의성과 다양성이 중요한 분야로, 민간 주도의 원칙이 매우 중요하다. 예술가와 창작자들이 자율적으로 활동할 수 있는 환경을 조성함으로써 혁신적이고 실험적인 작품들이 탄생할 수 있다. 민간의 자율성은 예술의 본질을 유지하고, 사회적 변화와 요구에 민첩하게 반응할 수 있는 기반이 된다.

국가는 문화 예술 분야에 대한 재정적 지원을 통해 민간의 활동을 뒷받침해야 한다. 이는 예술 창작, 공연, 전시, 교육 프로그램 등 다양한 분야에서 이루어질 수 있다. 특히 신진 예술가와 단체에 대한 지원이 중요하며, 이를 통해 새로운 아이디어와 실험적 작업이 가능해진다. 예를 들어, 창작 지원금, 공연장 대관료 지원, 전시회 개최 지원 등이 포함될 수 있다.

국가 차원에서 문화 예술 인프라를 구축하는 것도 중요한 지원 방법이다. 스포츠 구장, 공연장, 갤러리, 문화 센터 등의 시설을 마련하여 민간 주도의 문화 예술 활동이 원활하게 이루어질 수 있는 환경을 조성해야 한다. 이러한 시설은 예술가들이 작품을 발표할 수 있는 공간을 제공하고, 관객과의 소통을 강화하는 역할을 한다.

문화 예술 관련 법률과 정책을 정비하여 민간의 활동을 보장하고 촉진하는 방향으로 나아가야 한다. 저작권 보호, 예술가 지원 정책, 세제 혜택 등을 마련하여 민간의 창작 활동을 장려해야 한다.

국립 문화 예술 단체의 분산

국악은 호남이 강하고 오페라는 대구가 유명하지만, 국립 문화 예술 단체는 모두 서울에 있다. 다른 분야도 그렇지만 문화 예술 분야의 서울 쏠림은 더욱 심하다. 지역의 인재들이 서울로 올라가면서 지역은 문화 명맥이 끊길 지경이다. 대구광역시의 경험에서 보면, 빈약한 재정을 가진 지방 정부의 육성 노력만으로는 한계가 있다. 국립 문화 예술 단체가 서울에만 있을 필요는 없다. 지방분원 설치 또는 지방 이전도 적극 추진되어야 한다.

언론 공공성 제고와 완전 민영화

현대 사회에서 언론의 역할은 매우 중요하다. 정보의 전달과 여론 형성, 사회적 감시 기능을 수행하는 언론은 민주사회의 기초를 이루고 있다. 그러나 1인 미디어의 확산 등 언론 환경의 변화로 이른바 '레거시 미디어'는 심각한 도전에 직면해 있다. 국민들은 기존 언론 방송에만 의존하지 않으며 뉴스를 소비하는 소비자에만 머물러 있지 않다. 기존 언론들은 과거의 영광과 자산을 가지고 안으로만 물력을 소모하며 버티고 있으나 오래 갈 수 없다.

이제 방송은 '1공영 다민영' 체제로 가야 한다. KBS(한국방송공사)와 EBS(한국교육방송), KBS World (KBS 국제위성방송)은 국가 기간 방송의 공정성·공공성을 더욱 강화해야 한다. KBS2, MBC 등 다른 방송사는 완전한 민영화로 나아가야 한다.

KBS는 국가 기간 공영 방송으로서, 공공의 이익을 최우선으로 고려해야 한다. 이는 정치적 중립성을 유지하고, 다양한 사회적 목소리를 반영하는 콘텐츠를 제공함으로써 이루어진다. KBS는 국민의 신뢰를 바탕으로, 공정하고 정확한 정보를 전달해야 한다. 특히 이제 TV 수신료는 완전 폐지하고 그 재원을 다른 방법으로 마련할 방안을 모색해야 한다.

민영 방송사는 시장의 다양성을 반영하고, 경쟁을 통해 질 높은 콘텐츠를 제공해야 한다. 창의적이고 혁신적인 콘텐츠를 제작하여 광고 수익과 시청률에 기반한 자율적 운영으로 나가야 한다.

1인 미디어 시대 – 가짜 뉴스 근절

유튜브와 같은 디지털 플랫폼은 정보의 유통과 소비 방식에 큰 변화를 가져왔다. 1인 미디어의 확산은 순기능과 역기능을 동시에 안고 있다. 디지털 플랫폼은 허위 사실과 가짜 뉴스의 확산, 진영 논리 공공화 등을 유발할 수 있어 이에 대한 대응이 필요하다.

정부와 관련 기관은 유튜브에서 발생하는 허위 정보와 가짜 뉴스에 대해 엄격하고 신속하게 대응해야 한다. 이를 위해 사실 확인 시스템을 구축하고, 사용자들이 신뢰할 수 있는 정보를 쉽게 확인할 수 있는 방법을 마련해야 한다.

가짜 뉴스는 경제적 보상을 노리거나 특정 정치 진영의 이익을 위한 경우가 많다. 개인적 호기심이나 관심 끌기의 경우는 지속력이 약하다. 상대 진영에 대한 공격을 위한 고의적 행위에 대해서는 의혹의 초등 대응, 근원 색출, 팩트 타격의 3단계 대응이 필수적이다. 특히 의혹이 잦아들 때까지 이런 노력을 반복 또 반복해야 한다.

또한 시민들의 '미디어 리터러시'를 향상시키기 위한 교육 프로그램을 강화해야 한다. 미디어 리터러시는 다양한 매체를 이해하고 여러 형태의 메시지에 접근하여 메시지를 분석하고 평가하고 의사소통할 수 있는 능력을 말한다.

초등학교부터 가짜 뉴스와 사실확인에 대한 자세를 교육하여 습관화해야 한다. 허위와 거짓이 판치고 쉽게 확산되는 신뢰 부족 사회는 선진대국의 모습과 진정 거리가 멀기 때문이다.

맺음말

나의 모든 것을 바치고자

우리 손으로 뽑은 대통령이 파면되고
여당은 쪼그라들어 소수당으로 전락했다.
주권자인 국민이 직접 거리에 나서서 정치를 대신하고 있다.
이른바 '87년 체제'의 모순이 폭발하면서
우리 자유 민주주의와 공화정은 임계점에 다다르고 있다.

미국 트럼프 정부는 정통 외교 행태를 완전히 벗어나
한미 동맹을 비즈니스 관계로 접근하고 있다.
북한은 핵 능력을 키우며 핵 위협을 본격화하고 있다.
핵을 가진 북한은 우리가 이전에 상대해 보지 못한 전혀
새로운 상대이다.
안보, 경제 등 모든 면에서 전례 없는 도전에 직면해 있다.

미증유의 내우외환,
가장 심각한 국가적 위기 상황이다.

이번에 선출되는 제21대 대통령은
더없이 힘들고 어려운 길을 가야 한다.
'이전에도 없었고 앞으로도 없을' 형극의 가시밭길일 것이다.

완전히 갈라진 정치권을 수습하여 협력을 이끌어 내고,
길거리의 민심을 달래 진정시켜야 한다.
나아가 새로운 나라, 새 시대를 위한 제도를 정착시켜야 하는
중차대한 책무가 발 앞에 놓여 있다.

'87년 체제'의 종식, 새로운 시대의 개막,
이 꿈과 비전이 바로 개헌을 통해 제도를 만들고
대한민국 미래 100년의 선진대국을 만드는 것이다.
잘사는 나라, 행복한 국민, 강하고 안전한 국가를 만들고,
자유와 활력이 넘치는 파워풀 코리아로 나가는 것이다.

조선조 태종은 개국초 혼란을 수습하고
나라를 안정시키기 위해 험하고 궂은일을 마다하지 않았다.
새로운 나라를 만들기 위해 서울로 다시 천도^{遷都}하고
경복궁을 확장하고 제도를 정비했다.
선위를 앞두고 백성들의 원성 때문에 미루었던 토목 공사를
직접 추진했다.

어진 인재를 발탁했고, 대마도 정벌을 주도했다.
그리하여 세종의 태평성대를 이룰 수 있었다.

'대란대치大亂大治', 청나라 옹정제는 황위를 계승한 뒤
권문세족을 척살하고 반대파를 숙청하는 대치大治를 실행
한다.
그렇게 하여 청나라의 황금기인 건륭제 시대를 여는
법적 · 제도적 · 경제적 토대를 마련했다.

조선 태종이나 청나라 옹정제는
비록 자신이 욕을 먹더라도 험한 일을 했고
나라를 새롭게 만들고 태평성대를 열기 위해 힘썼다.

제21대 대통령은 태종과 옹정제처럼,
2030년 선진대국 시대를 위해 험하고 힘든 일을 다해야 한다.
수성守城이 아니라 창업創業에 버금가는 험난한 지금,
경륜과 지혜, 강력한 리더십이 요구되는 힘든 자리다.

지난 30년의 정치 역정은
오직 국가 경영의 꿈을 위해 쉼 없이 달려온 길이었다.
국회의원 5번, 상임위원장 2번, 원내대표, 당대표 2번,

경남지사 재선, 대구시장 등 선출직 8선을 하면서
늘 오늘을 준비해 왔다.

'Great Korea!'
제7 공화국, 선진대국 시대를 열기 위해
나의 모든 것을 바치고자 한다.
이제 감히 나서려 한다.